JN093240

以上の背景から、質・量ともに蓄積している「腸内フローラと健康」に関する学術情報を、系統立てて一般のみなさんにお伝えするテキストを作成できたらと考えていた折に、日刊工業新聞社の書籍編集部の方から本書執筆の機会を打診いただき、喜んでお引き受けした次第です。

本書の特徴として、内容的には基礎から臨床までカバーすることを心がけました。また、図表の多くにデータを盛り込みましたので、事実に基づいた理解がいただけるかと思います。この際、医学的な内容は私の専門から離れるため、解説した内容に参照文献を列挙し、より深い理解のために検索いただけるようにしました。

本書が、みなさんの健康な生活の維持・増進の一助になりますことを祈念します。また、よりご専門のみなさんには、有効な情報活用にお役立ていただければ幸いです。

本書の執筆に当たり、日刊工業新聞社書籍編集部の阿部正章氏と矢島俊克氏には、的確な執筆アドバイスをいただきました。筆者遅筆に対するご寛容な対処と併せて深謝します。

2020年6月

野本　康二

目次

第1章 腸内フローラって何？

第2章 腸内フローラはどこで、どのように存在する？

第3章 いろいろな疾患と腸内フローラとの関わり

第4章 プロバイオティクスは腸内環境を改善するミカタ

第5章 腸内フローラを構成する細菌群を知ろう

第6章 どうなる?・腸内フローラ/プロバイオティクス研究の今後

Column

第1章

腸内フローラって何?

1 腸内フローラとは?

細菌の起源は40億年前にも遡ります。

私たちの生活環境中に細菌が存在し、土壌中には1g当たり数十億もの微生物が棲息しており、濃度として見ると土壌よりはるかに低いですが、海洋にも1mL当たり1万~10万個の微生物が検出されます。これらの自然環境中に生息する微生物の種類はさまざまで、1gの土壌中の微生物種は数百万種にも及ぶとされています。

共生とは、「生存環境を共有する異種生物間の持続的な密接な関係」と理解されています。細菌が関与する共生関係として、白アリと、その腸内に共生する原生動物と細菌の共生関係が明らかとなっています。

すなわち次ページの上図で示したように、白アリが食べた木片は、腸内の原生動物の持つ分解酵素であるセルラーゼにより分解されて、まず糖となります。これを細菌が食べて、白アリに有用なアミノ酸やビタミンなど多様な栄養素を産生してくれる、という関係です。

私たちは口からモノを食べ、お手洗いで尿や便を排泄します。この間に、摂取した飲食物が消化管の各部位において、消化・吸収を受けながら通過していくのです。

自然界における微生物はきわめて多様です。その中の限定された微生物群が私たちの腸内に独特な微生物生態系を構築して、私たちと共生していることがわかってきました。これを一般的に腸内フローラ（腸内細菌叢《そう》）と呼んでいます。「フローラ（ｆｌｏｒａ）」とは植物相を意味します。多種多様な微生物群が腸内に住み分けしていることを植物相に見立てて、腸内フローラと呼ばれています。

シロアリー腸内細菌ー腸内原生動物の共生関係

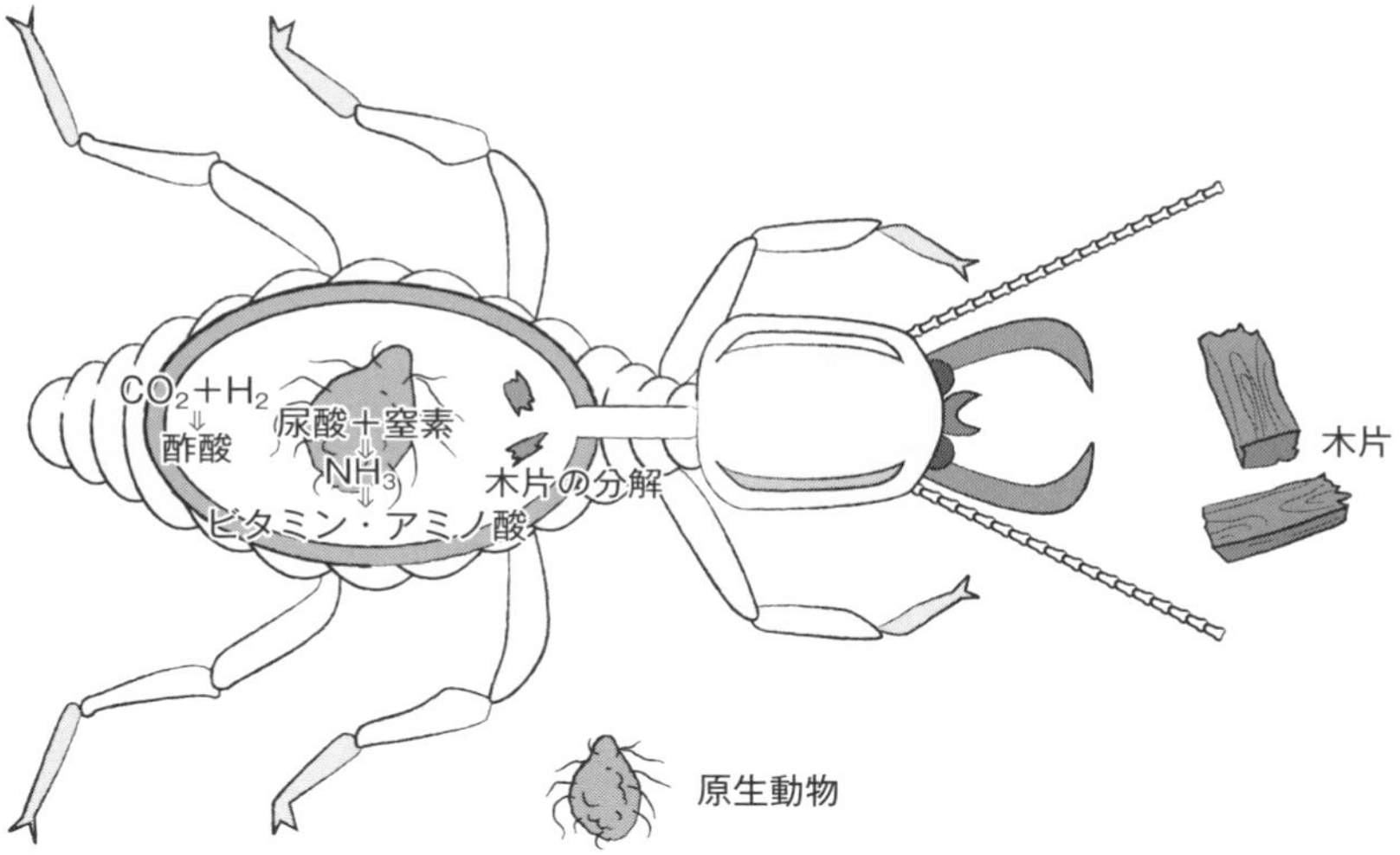

出所：Brune A and Dietrich C, Annu. Rev. Microbiol. 69：145-66, 2015 より改変・引用

ヒトの消化管の各部位に生息する腸内細菌

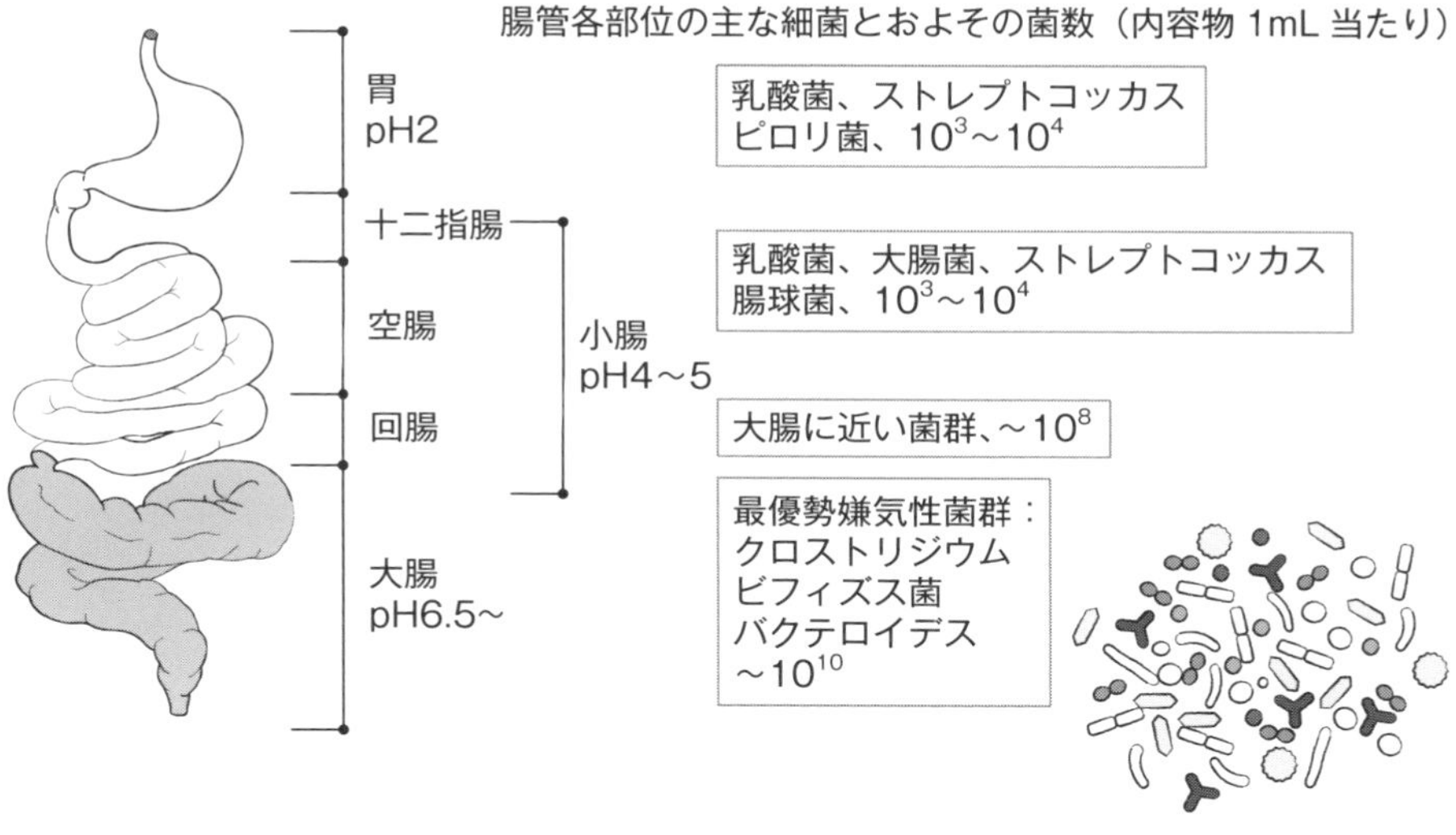

出所：https://www.slideshare.net/Harshankita/developing-a-new-probiotic より抜粋、改変引用

2 見えない細菌を拡大して観察することから始まった

腸内細菌も含めた細菌のサイズは、1000分の1㎜レベルですから、直に識別することはできません。そこで顕微鏡を使い、数百倍から1000倍に拡大して見ています。

細菌を色素で染めてみると、その形が丸かったり（球菌：きゅうきん）、桿状（桿菌：かんきん）であったりします。顕微鏡を自ら作って、さまざまな環境中の微生物を観察することを初めて行ったのは、アントニー・レーウェンフック（Antonie Leeuwenhoek, 1632~1723）でした。当時の英国では王立協会が設立されていましたが、あくまでもレーウェンフックは在住のオランダ・デルフト市において市井のマニアとして、環境中の微生物の顕微鏡観察に勤しんでいたようです。

観察していた微少な物体が生物であるとの証拠は得ていませんでしたが、「微小動物（animalcule：アニマルクル）」と命名していたことから、やはり微生物の第一発見者ということでしょう。後にその緻密な観察がアカデミアに認められ、王立協会会員に迎えられています。

同時代の王立協会は、あの有名なアイザック・ニュートン（1643~1727）も会員として在籍しています。レーウェンフックは「微生物学の父」とも呼ばれているように、現在の微生物学研究の根本である、対象をよく観察することのまさにパイオニアとも言うべき存在です。さらに余談になりますが、バロック期の代表的な画家であるヨハネス・フェルメールは、レーウェンフックと同年にデルフトで生まれています。フェルメールの死後、レーウェンフックは、デルフト市からフェルメールの遺産管財人に指名されています。

レーウェンフックの顕微鏡

アントニー・レーウェンフック（1632～1723）

金属板の中央に径1mm程度の球形のレンズをはめ込んだ単眼式の 顕微鏡。針の先端に試料を載せてレンズ越しに観察する

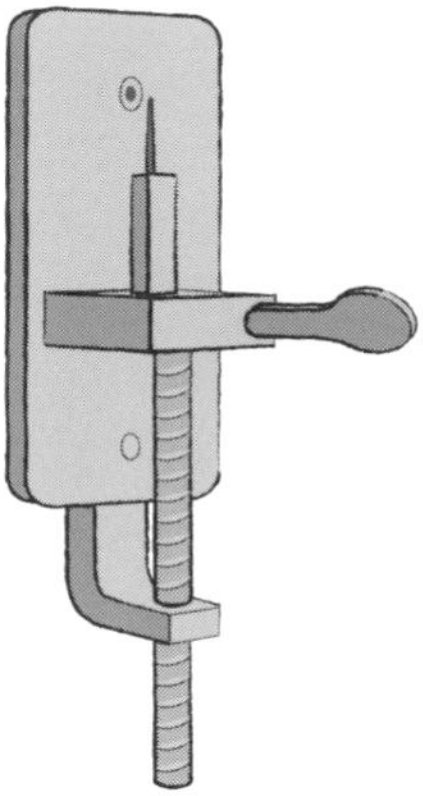

初期レーウェンフック型の顕微鏡
（複製）

細胞や微生物のサイズ

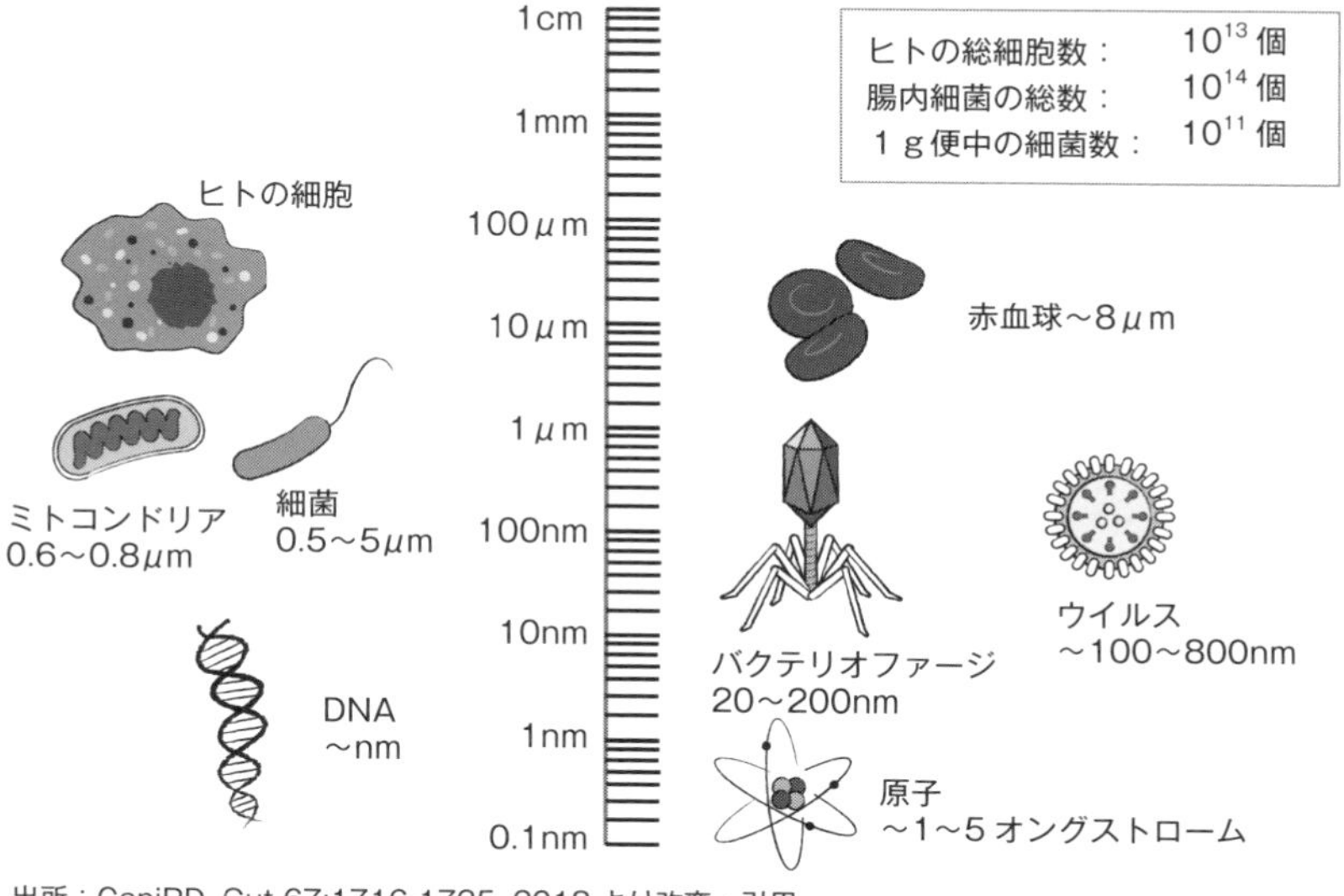

出所：CaniPD, Gut 67:1716-1725, 2018 より改変・引用

3 細菌の解析法の開発と発展

ルイ・パスツール（1822～1895）は、もともとフランスの化学者でした。そんなパスツールが農学領域の問題解決に際して、ワインの発酵や腐敗が酵母や細菌によって生じることを突き止めたことが、微生物学の領域を体系化するきっかけになりました。

パスツールは続けて、カイコの病気や牧牛の炭疽病への対策、狂犬病のワクチン開発を通じて偉大な功績を挙げました。特に、さまざまな病気が微生物の感染によって引き起こされることを初めて提唱しています。公開実験により、「ツルの首フラスコ」と呼ばれる特殊な器具を使い、無菌的に調製した液体培地から生物は発生しないことを証明し、いわゆる「生物の自然発生説論争」に勝利しました。

また一方で、同時代を生きたドイツの細菌学者、ロバート・コッホ（1843～1910）は、パスツールによる液体培養を基にした研究展開に大きな一石を投じました。すなわち、細菌の純水分離培養法の確立です。

コッホがこの方法を開発したのは、部屋に置きっぱなしにしていた半煮えのジャガイモの表面に、小さな微生物の集落（現在ではコロニーと呼ぶ）を発見したのが経緯と言われています。単体ではまったく見えないほどの大きさの細菌が、ジャガイモの栄養を利用しながら2分裂を繰り返すことにより、ついには可視的な大きさのコロニーを形成することを発見しました。この現象を利用して、現在も使用されているペトリ皿の寒天平板培地を用いた純水分離培養法を確立したのです。

この方法を用いることで、コッホとそのグループにより炭疽菌や結核菌、コレラ菌などさまざまな病原微

ルイ・パスツール（1822～1895）の主な業績

○自然発生説の否定
外気の塵の混入を防ぐように作られた「白鳥の首フラスコ」内の肉汁を煮沸して保存すると、肉汁が腐敗しないことを示した。この結果から、腐敗は外界からの微生物の混入により発生すること、すなわち“生命は生命からのみ生まれる”という説を提唱した
○微生物が病原体であることを示唆した→ジョセフ・リスター（Joseph Lister：1827～1912）による外科手術時の消毒法（フェノール）の開発：1867
○カイコの微粒子病がカイコの卵へのノゼマ (Nosemaapis) と呼ばれる原生生物の感染により発生することを明らかにし、微粒子病予防法に貢献した
○炭疽菌ワクチンの製造（1881）
○狂犬病ワクチンの製造（1884）
狂犬の脳→ウサギ脳への接種→ウサギ脳の乾燥
○低温殺菌法：pasteurization
牛乳の場合：牛乳に汚染する病原菌の中で最も熱抵抗性の強い結核菌を殺滅し、しかも牛乳の栄養や味を損なわない加熱条件として 63℃· 30 分法を用いた

炭水化物の代謝特性による乳酸菌の菌種同定

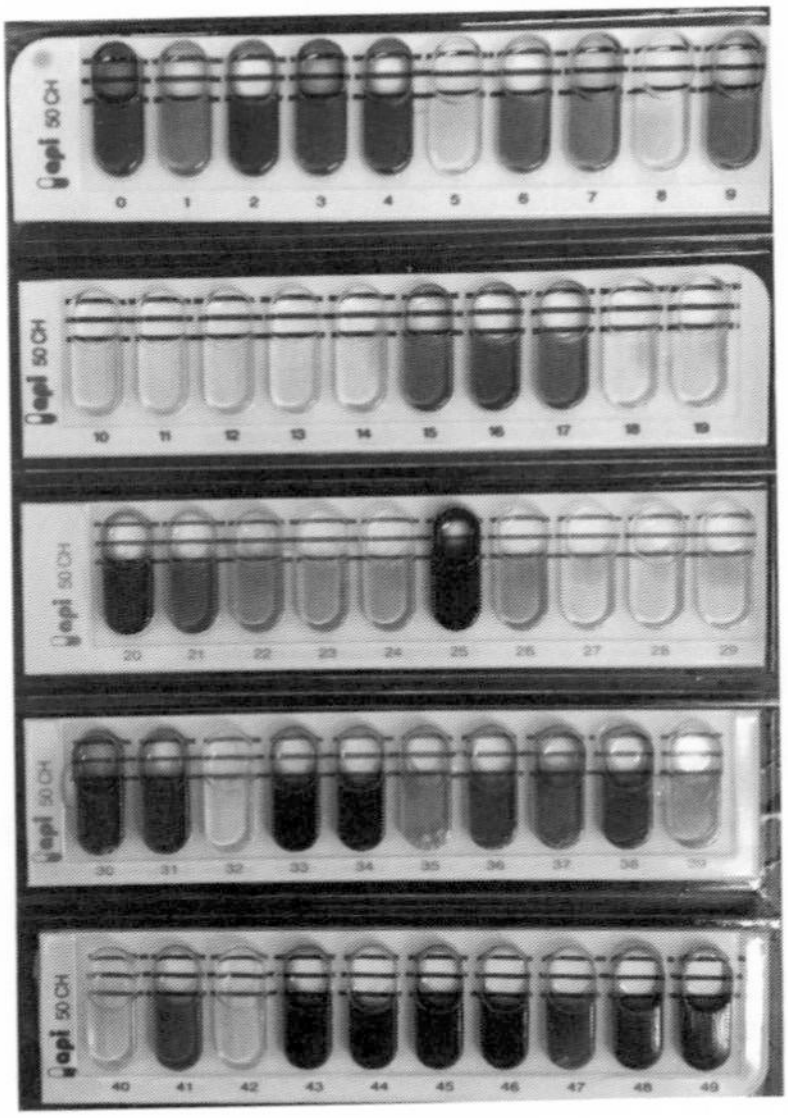

○アピ（api50CH）は、調べようとする菌の炭水化物代謝を試験するためのキット
○各カップごとに 50の異なる炭水化物およびその誘導体が含まれている
○各カップに被験菌液を摂取して1～2 日、所定温度で培養する
○カップ内の炭水化物を栄養にして被験菌が増えるとカップ内の培養液が酸化し、含まれている指示薬が黄色く変色する。炭水化物を利用できずに増殖しない場合は青色となる
○異なる炭水化物を代謝できるか否かのパターンの違いにより菌種同定する

生物の発見につながりました。現在でも、寒天平板培地を用いた分離培養法は、臨床医学や微生物に関する研究・開発においてきわめて重要な役割を果たしています。

特に、私にとって印象深いのは、いわゆる「コッホの3原則（4原則とも言われる）」です。すなわち、「特定の微生物がある疾病の病原であることを証明するための条件として、次の条件を満たさねばならない」というものです。

①病原と考えられる同一の微生物が、特定の疾病や症状を示す個体からあまねく検出される
②一方で、病気のない個体や他の疾病や症状を示す個体からは、この微生物は検出されない
③疾病を有する個体から分離された病原と考えられる微生物を、健常な個体に接種することにより、その疾病を発症させることができる
④さらに、この疾病が誘導された個体から同一の病原微生物が分離されねばならない

ロバート・コッホの主な業績

炭疽菌（*Bacillus anthracis*）の発見（1876）
固形培地の開発と細菌の純粋培養法の確立(1881)
結核菌（*Mycobacterium tuberculosis*）の分離（1882）
コレラ菌（*Vibrio cholerae*）の分離（1883）
結核菌の培養上清からツベルクリン（結核菌ワクチン）を創製（1890）
結核菌に対する遅延型過敏症反応の発見（1891）

コッホ学派研究者の業績

○淋菌（*Neisseria gonorrhoeae*）の分離：A.L.S.Neisser
○ジフテリア菌（*Corynebacterium diphtheriae*）の分離
○インフルエンザ菌（*Haemophilus infulenzae*）の分離
○チフス菌（*Salmonella Typhi*）の分離：K.J. Eberth & G. Gaffky
○大腸菌（*Escherichia coli*）の分離：T.Escherich
○破傷風菌（*Clostridium tetani*）の純粋培養：北里柴三郎
○血清療法による破傷風とジフテリアの治療：北里柴三郎と E.A.vonBehring

4 分子レベルにおける微生物解析法の確立

腸内フローラの解析は、パスツールやコッホの時代からは時代が下りますが、さまざまな病原微生物、特に腸管感染症病原菌の研究に付随して進歩したと言えるでしょう。長い間、主に培養法により行われてきました。しかし、きわめて多様な種類の微生物が混在している腸内フローラの培養法による解析には、以下のような問題点があります。

私が腸内細菌研究に携わり始めた頃には、もっぱらグローブボックスと呼ばれる装置内を二酸化炭素、水素、および窒素の3種混合ガスで満たし、きわめて酸素濃度を低くした閉鎖環境で、特殊な栄養を添加した培地を用いて培養することが主流でした。腸管下部に生息する酸素への感受性がきわめて高い細菌を培養するための必須な方法です。

現在も腸内細菌のうち、このような培養法をもってしても、なおうまく培養できない細菌が数多く存在することもわかっています。何と言っても、嫌気性菌の培養はこのように手間暇がかかります。したがって、実験の規模もとても限定的でしたが、1990年代になると話は一挙に進みました。微生物の遺伝子を対象とする解析法の確立です。

上記のように、2分裂によって遺伝的にまったく同一の細菌が対数的に増殖すると、遺伝子の本体であるDNAも同時に増幅されます。群集となった細菌から遺伝子の本体である核酸を抽出し、さらにこの核酸を対象として、PCR（polymerase chain reaction：DNAポリメラーゼ連鎖反応）法によりDNAの特定部位のみを増幅させることができるようになりました。

微生物の種類により、「増幅される特定部位のDNA配列が異なる」という事実を基本として、微生物を

ヒト腸内フローラを構成する主な細菌群

菌群（便1g当たりの菌数）	
最優勢 偏性嫌気性菌（10^9～10^{11}）	*Clostridium*（Blautia）*coccoidesgroup*（クラスターXIVa） *Clostridium leptumsubgroup*（クラスターIV） *Bacteroidesfragilisgroup*（バクテロイデス・フラジリス） *Bifidobacterium*（ビフィズス菌） *Atopobiumcluster*（アトポビウム） *Prevotella*（プレボテラ）
通性嫌気性菌（10^4～10^8）	*Lactobacillus*（乳酸桿菌） *Enterobacteriaceae*（腸内細菌科菌群） *Streptococcus*（連鎖球菌） *Enterococcus*（腸球菌） *Staphylococcus*（ブドウ球菌）
日和見病原菌（～10^3）	*Clostridium difficile*（ディフィシル菌） *Clostridium perfringens*（ウェルシュ菌）

腸内フローラの解析に用いられるさまざまな分子生物学的解析法

メタゲノム解析法	メタ16SrRNA遺伝子解析では、対象とする微生物遺伝子の特定の部位（V3, V4など）をDNAポリメラーゼ連鎖反応（PCR）で増幅し、これを次世代シークエンサーで解読する。メタゲノム解析では、腸内微生物の全体のゲノムを断片化して、次世代シークエンサーで解読する。正確な菌種同定が可能。機能遺伝子に関する情報が得られる
定量的PCR（RT-PCR）法	定量的PCR法は、分類学的に異なる細菌ごとの特徴的なDNAを、それぞれに特異的なオリゴプライマー配列を用いたDNAポリメラーゼ連鎖反応（PCR）で増幅させ、定量する方法。定量的RT-PCR法は、分類学的に異なる細菌ごとの特徴的なRNAを逆転写反応によりDNAとしたものについて、定量的PCR法を用いて定量する方法。定量的PCR法と特異性は同じだが、感度が100～1,000倍高い利点がある
FISH（Fluorescence in situ hybridization）法	細菌の16S rRNA遺伝子を標的とする蛍光標識プローブを用いて、菌体内の遺伝子にこれをハイブリダイズさせて、蛍光顕微鏡下で直接菌体を検出する手法。目的とするDNA配列を有する微生物の局在を可視的に観察できる
T-RFLP（Terminal Restriction Fragment Length Polymorphism）法	末端蛍光標識したプライマーセットで鋳型DNAをPCR増幅し、得られた増幅産物を制限酵素により消化する。このDNAを電気泳動で解析する。塩基配列の違いから制限酵素切断部位が異なることを利用し、フラグメント解析によって得られるDNA断片の検出ピークの強度、位置、数により、各サンプルの細菌の集団構成パターンの比較や変化の追跡を簡易的に調べる。ピークの出現位置は微生物種によって異なり、ピーク本数が多いと多様性が高いことを示す。また、ピークの高さからそのピークに相当する細菌種の増減を推定できる

識別することができます。すなわち、微生物の「DNA鑑定」です。1個の微生物当たりの増幅されるDNA配列数（コピー数と呼ぶ）はほぼ決まっていますから、これをもとにほぼ正確に細菌数を定量的に計測することができるようになっています。

定量的PCR装置

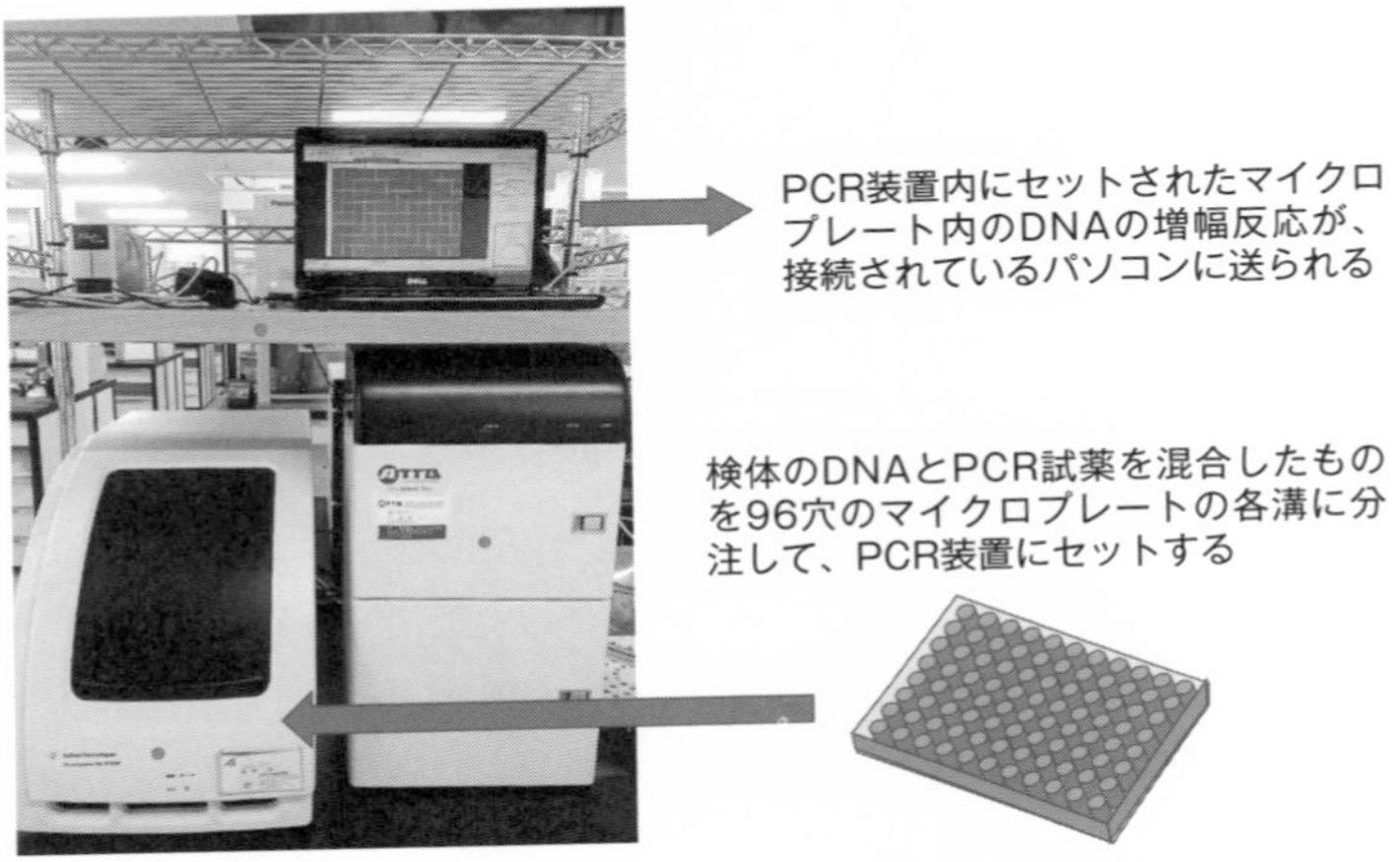
PCR装置内にセットされたマイクロプレート内のDNAの増幅反応が、接続されているパソコンに送られる
検体のDNAとPCR試薬を混合したものを96穴のマイクロプレートの各溝に分注して、PCR装置にセットする
96穴のマイクロプレート

もちろん、特定部位の遺伝子だけではなく、微生物の遺伝子全体の配列を網羅的に解析することも可能です。そうなると、さまざまな微生物の機能を担う遺伝子の解析までできることになります。

基本的な原理として、前ページの下表に整理したように微生物の遺伝子を対象とするさまざまな解析方法が開発されています。さらに、微生物に固有な遺伝子配列の特徴を利用した微生物の系統分類においても、系統分類学では「ドメイン－界－門－綱－目－科－属－種」という階層によって分類されています。そして、続々と解読される微生物の遺伝子情報に基づき、分類が更新されています。

なお、微生物名の呼び方の慣習として、属（科）名に種名を加えて呼ぶことが一般的です。すなわち、大腸菌の場合はエシェリヒア（*Escherichia*）属コリ（*coli*）種、ですし、乳酸桿菌《かんきん》ガセリ菌はラクトバチルス（*Lactobacillus*）属ガセリ（*gasseri*）種となります。さまざまな生物や腸内細菌の系統分類の一例を、次ページに掲げます。

各種生物の系統分類の例

和名	英名	ヒト	スギ	マツタケ	大腸菌	M.スミシー
ドメイン	Domain	真核生物	真核生物	真核生物	細菌（真正細菌）	古細菌
界	Kingdom	動物界	植物界	菌界	なし	ユリアーキオータ界
門	phylum /division	脊索動物門（脊椎動物亜門）	裸子植物門	担子菌門	プロテオバクテリア門	ユリアーキオータ門
綱	Class	哺乳綱	マツ綱	真正担子菌綱	プロテオバクテリア綱	メタノバクテリウム綱
目	Order	サル目	マツ目	ハラタケ目	腸内細菌目	メタノバクテリウム目
科	Family	ヒト科	ヒノキ科（スギ亜科）	キシメジ科	腸内細菌科	メタノバクテリウム科
属（亜属）節	Genus（Subgenus）Section	ヒト属 *Homo*	スギ属 *Cryptomeria*	キシメジ属 *Tricholoma*（キシメジ亜属）マツタケ節	エシェリヒア属 *Eshcerichia*	メタノブレウィバクテル属 *Methanobrevibacter*
種	*species*	*H. Sapiens*	*C. japonica*	*T. matsutake*	*E. coli*	*M. smithii*

主な腸内細菌の系統分類

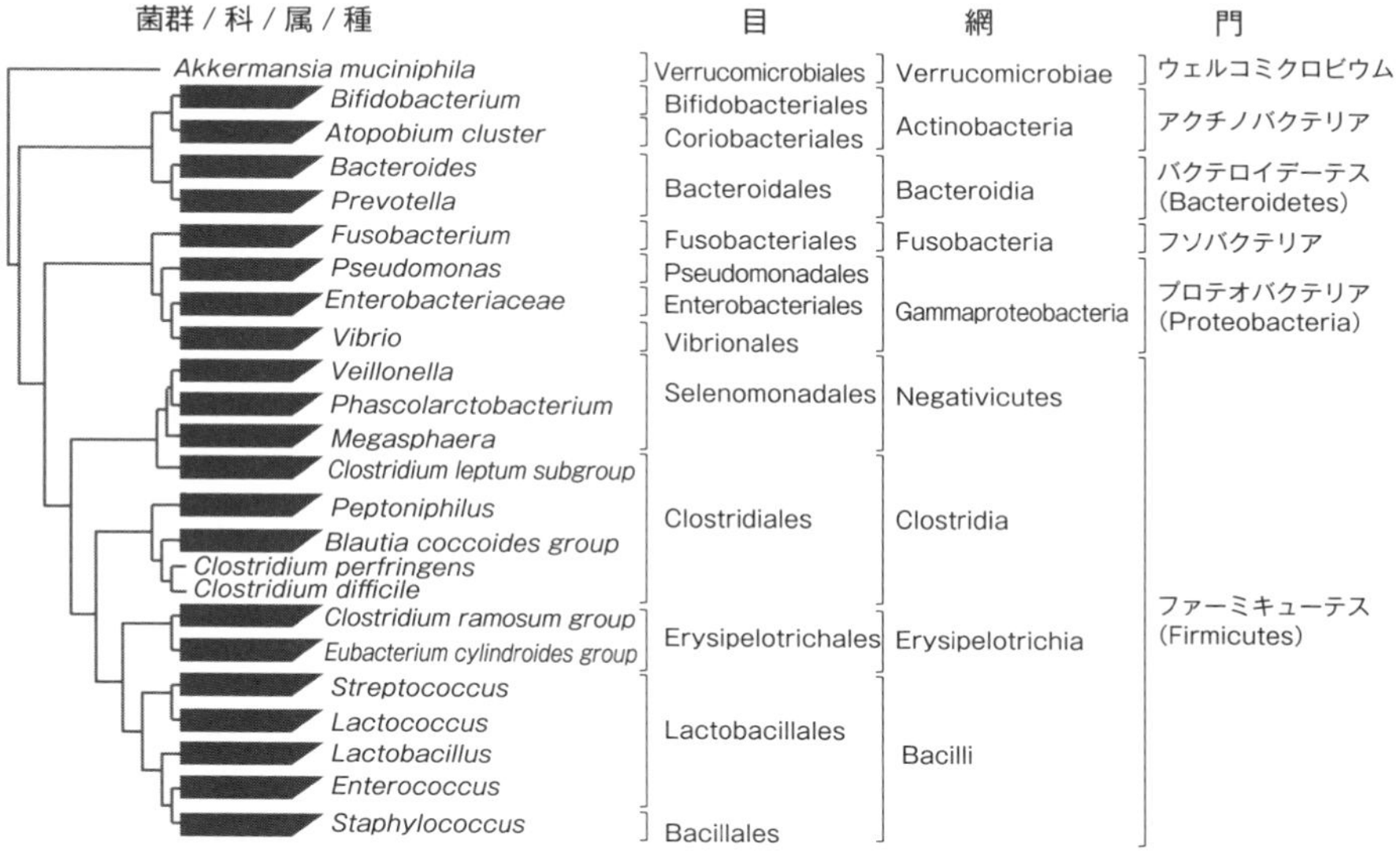

出所：野本康二、腸内細菌学雑誌、29：9-18，2015より改変・引用

5 広いダイナミックレンジを有する腸内フローラを精度良く解析する画期的手法

前項で、微生物のDNAを鑑定するPCR法について紹介しました。その派生形として、微生物の定量的な解析ができるqPCR（quantitative PCR：定量的PCR）法があります。qPCR法では、菌体から抽出された総DNA画分を鋳型として、あらかじめ用意しておいた標的遺伝子（通常は細菌のリボゾームという物質の遺伝子）の特異配列に対するオリゴDNA対（プライマー）およびDNAポリメラーゼを用いて増幅させます。

解析対象微生物群（さまざまな分類学レベル：目、科、属、種など）のそれぞれに設定された標準菌株の一定菌数から抽出したDNAを、段階希釈したものについてPCR反応を行い、設定した閾値のDNA量に達するまでのPCR増幅回数（Ct値）を縦軸に、標準菌株の菌数を横軸にとります。その関係は直線関係になり、これを標準曲線とします。

そして、調べようとする菌の数が未知な検体から抽出されたDNA試料を対象とし、当該菌群（さまざまな分類学レベル）を特異的に増幅させるプライマー配列を用いたPCRを実施します。あらかじめ設定しておいた閾値のDNA量に達する増幅回数を求め、これを標準曲線に当てはめることで、未知試料中の該菌数を求めることができます。

一方、細菌は、数千から数万ものリボゾームRNA（rRNA）分子を内包し、そのサイズによって5S、16S、23Sに分けられますが、各リボゾーム分子と同数が菌体に存在します。これに対して、rRNA遺伝子（DNA）はせいぜい十数コピーが染色体上に局在するのみです。そこで、私たちはrRNA自身を標的とした定量的解析により、標的分子が多い分だけ解析

日本人の年代ごとの腸内フローラ（1951例）

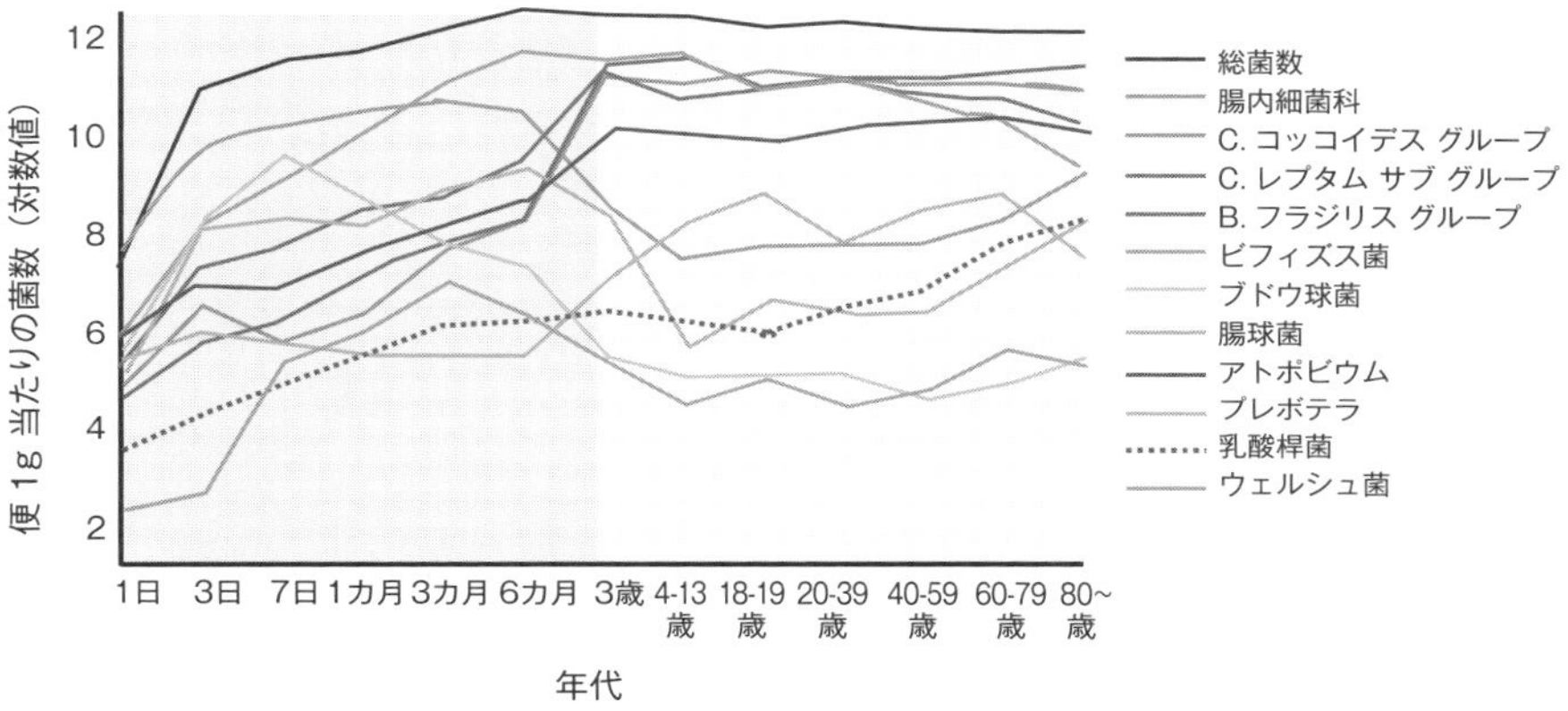

出所：Tsuji H et al., Front Microbiol. 2018; 9：1417. 2018より改変・引用

感度が上昇すると考え、ＲＴ（reverse transcription：逆転写）－ｑＰＣＲ法を採用しました。

　この方法では、測定対象とするｒＲＮＡに逆転写酵素（ＲＮＡ→ＤＮＡの転写を司る酵素）を作用させてｃＤＮＡに変換します。あとは通常のＰＣＲ反応と同様に、標的菌に特異的な配列を増幅させるためのオリゴプライマー配列を用い、DNA polymeraseという酵素でＰＣＲ反応を行うのです。

　実際に、ＲＴ－ｑＰＣＲの測定感度は定量的ＰＣＲ法（ｑＰＣＲ）に比べて１００倍以上高いことが示されました[1,2]。さらに生きた微生物という観点でも、死菌の菌体内に残存するＤＮＡを対象とするＰＣＲ法では生菌のみならず死菌も測定することがあるのに比べ、ｒＲＮＡ自体は生菌状態をよく反映していることから、ＲＴ－ｑＰＣＲ法が腸内の生菌を定量するために好適な手法であると言えます。

　ＲＴ－ｑＰＣＲ法を用いて解析された健常な日本人の、生後早期から高齢に至るまでの腸内フローラの変化の調査結果を図に示しました[3]。この結果を得るために、産婦人科病院の先生やスタッフの方および出産を控えた妊婦の方を含む総数2000人余りのみなさんにご協力をいただきました。

同じお子さんで、生まれたばかりの頃の便（胎便）から3歳に成長した時点まで、継続的な変化も見させていただいています。その結果、生後直後から3歳までに、腸内フローラの構成が大きく変化することがわかりました。

3歳以降は、ほぼ成人と同様の安定化した腸内フローラとなります。この結果は、海外で報告されている網羅的解析結果と一致しました。一方で、高齢者ではビフィズス菌数が減少し、乳酸桿菌や大腸菌群数が増加するといった変化が示されています。

このような腸内フローラ構成の変化については、年代的な要因に加えて、食事などの生活要因が影響していると考えられます。成人期における腸内フローラ構成菌群の菌数（対数値）の多少をヒストグラムにすると、プレボテラ菌（*Prevotella*）を除いておよそ正規分布することが示されました[2]。

この結果は、腸内生息菌数に各菌群独特の標準値があることを示唆しています。すなわち、血圧や血糖値などのマーカーと同じように、健常レベルを示す標準値が腸内フローラの各菌群にも設定し得ることになります。

プレボテラ菌のみは、例外的に菌数が2極分布する傾向を示しました。別の研究の網羅的解析結果からいくつかの腸内フローラのタイプ、すなわち〝エンテロタイプ（enterotype）〟の概念が提唱されており[4]、バクテロイデス菌（*Bacteroides*）の比率が高い〝バクテロイデスタイプ〟と、プレボテラ菌の比率が高い〝プレボテラタイプ〟に分けられることが報告されています。

私たちのRT－qPCRによる定量的な解析により、日本人においてもプレボテラ菌群が「多い」「少ない」というエンテロタイプに分かれることが示唆されました。エンテロタイプを規定している要因としては、食事の影響が強調されています。ちなみに、私たちが定量的RT－PCR法を提唱した初期には、「RNAはDNAに比べて不安定なために、これを測定対象とする結果は不正確なのでは？」という批判もありましたが、現在では精度の良い測定法として受け入れられています。

ヒトの腸内細菌群は対数正規分布する

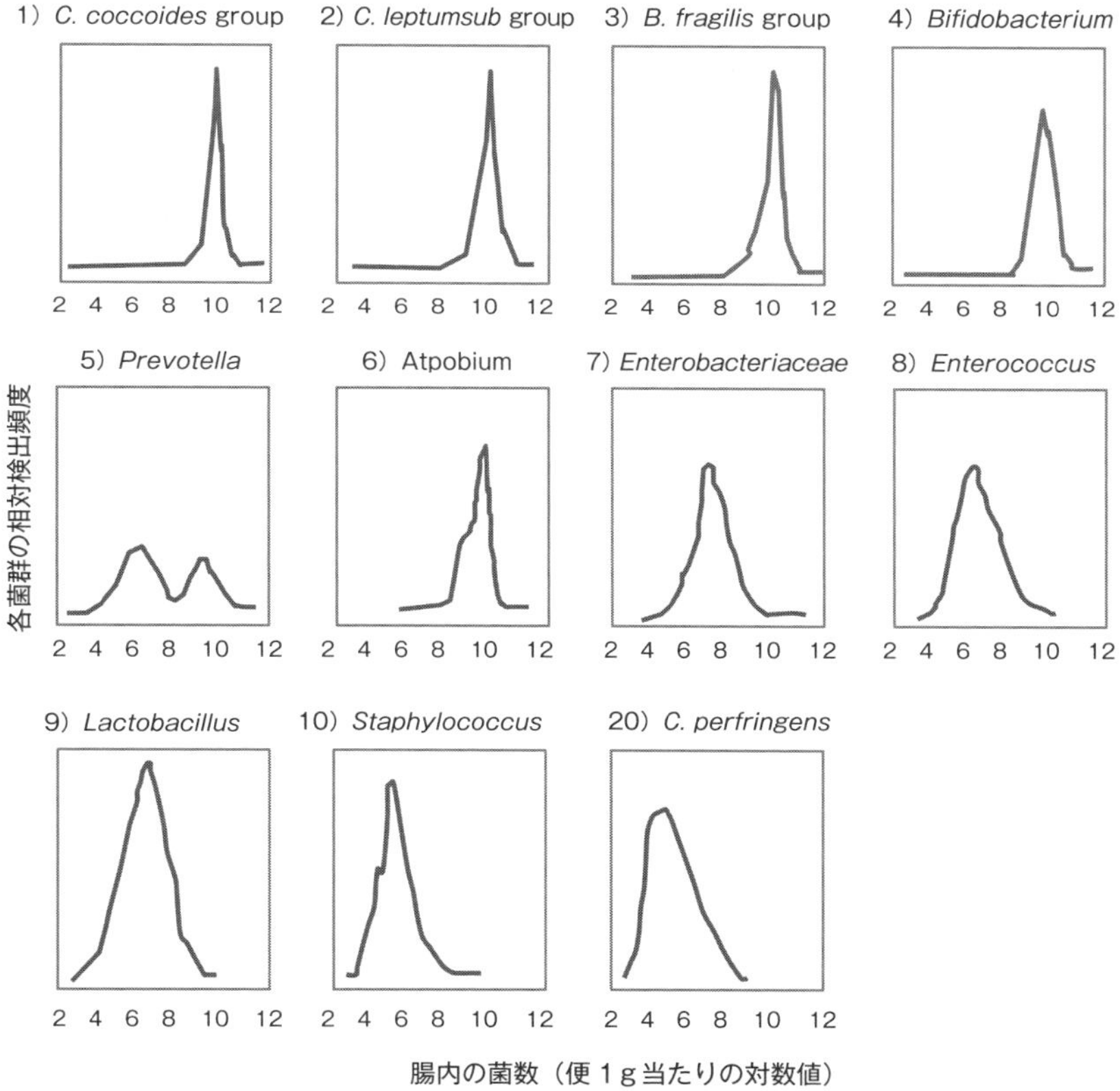

1）C. コッコイデスグループ
2）C. レプタムサブグループ
3）B. フラジリスグループ
5）プレボテラ
6）アトポビウム
7）腸内細菌科菌群（大腸菌など）
8）乳酸桿菌群
9）ブドウ球菌群
10）ウェルシュ菌

出所：Tsuji H et al, Front Microbiol. 2018 Jun 29;9:1417 より改変・引用

6 培養法の重要性

これまで触れてきたように、複雑多様な微生物生態系である腸内フローラの構成を、分子微生物学的な解析方法の進展により解明することができるようになりました。その一方で、コッホにより開発された純水分離培養法は、現在でも大変重要な役割を担っています。特に、腸内細菌のほとんどがその増殖に酸素を嫌う嫌気性菌であることから、これを体外に持ち出して培養するには、酸素濃度をきわめて低く保った嫌気培養装置が必要です。

この装置内の空気は、水素、窒素および炭酸ガスからなる3種混合ガスで置換され、ほぼ酸素がない状態です。上記のＤＮＡを対象とする研究から、そのＤＮＡ配列は解明されていても、生きた菌として培養できない菌がまだ多数あります。微生物の機能を調べるためには、やはり生きた菌を分離・培養しなければなりません。

また、多くの菌種が混ざって存在する便のような検体から、特定の種類の細菌のみを培養するために、いわゆる選択培地が用いられます。

大腸菌には大腸菌用の、ビフィズス菌にはビフィズス菌用の選択培地が使用されます。大腸菌の選択培地の選択因子は胆汁酸塩であり、ビフィズス菌を選択的に増やすためには、糖源としてのオリゴ糖やプロピオン酸を添加した培地を用います。

寒天培地を用いた培養法は、細菌の数を計るためにも使われます。すなわち、細菌が増殖して培地上に形成するコロニーの数をもって細菌数とする方法です。単位は、コロニー形成単位（colony forming unit：ＣＦＵ）です。ＣＦＵは生きた菌数を反映する菌数として汎用されています。

選択培地上の大腸菌コロニー

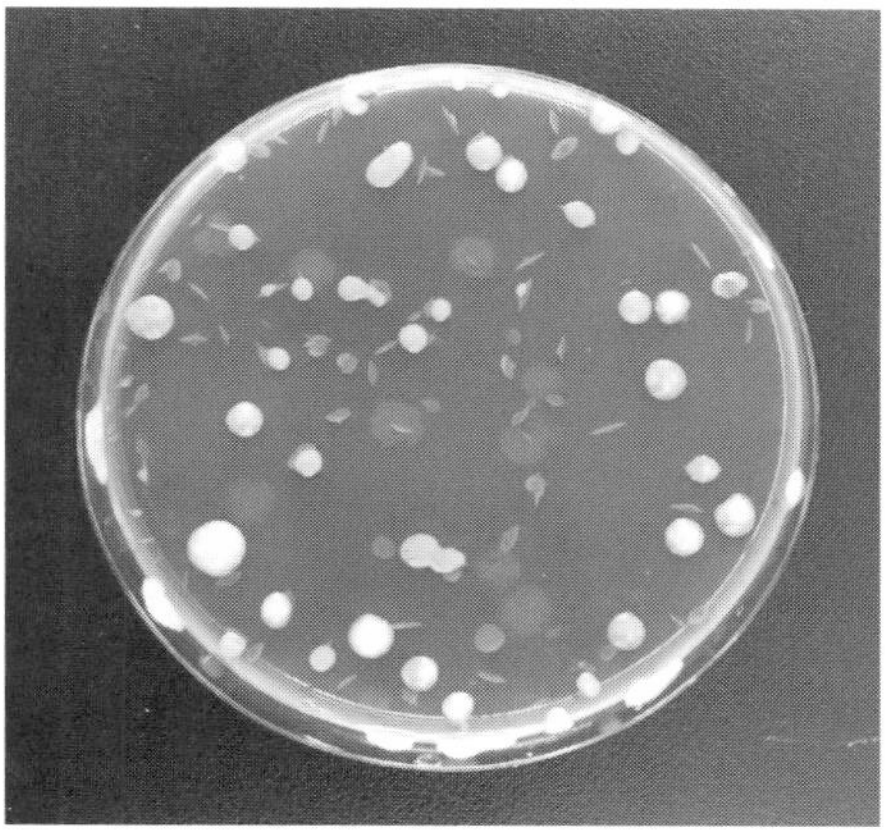

大腸菌（*Escherichia coli*）を
デゾキシコレート培地で混釈培養
（培養温度：37℃、培養時間：48 時間）
大腸菌は培地に含まれている胆汁酸（デゾキシコール酸）に耐性であるため、増殖してコロニーを作ることができる

選択培地上の乳酸菌コロニー

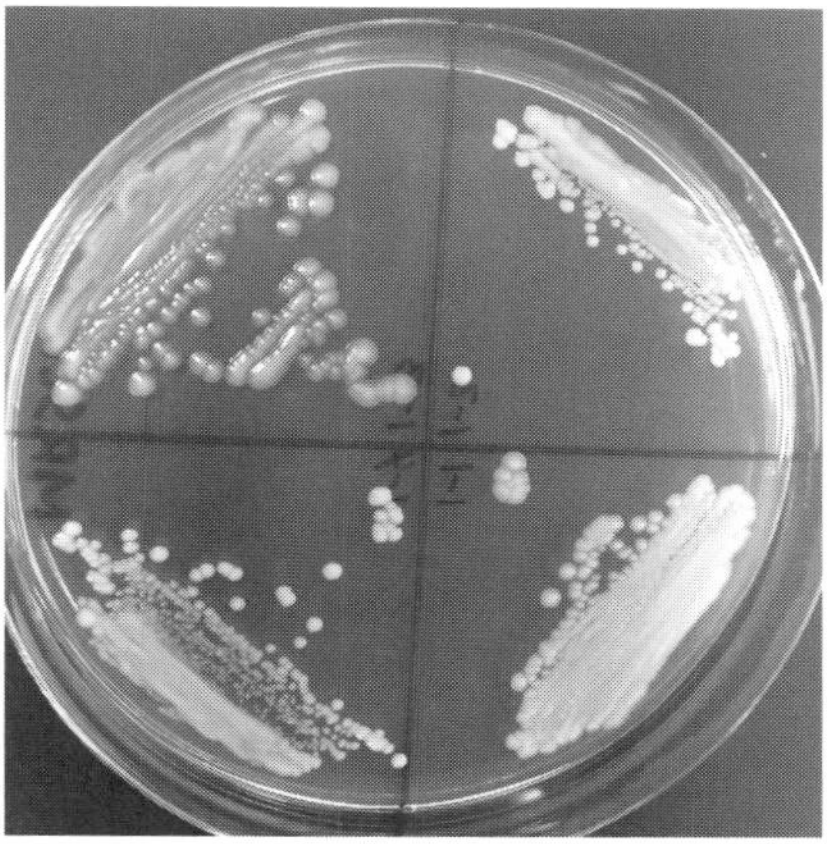

4 菌株の乳酸桿菌（*lactobacillus plantarum*）
を MRS 培地で嫌気培養
（培養温度：37℃、培養時間：72 時間）

嫌気培養用のグローブボックス

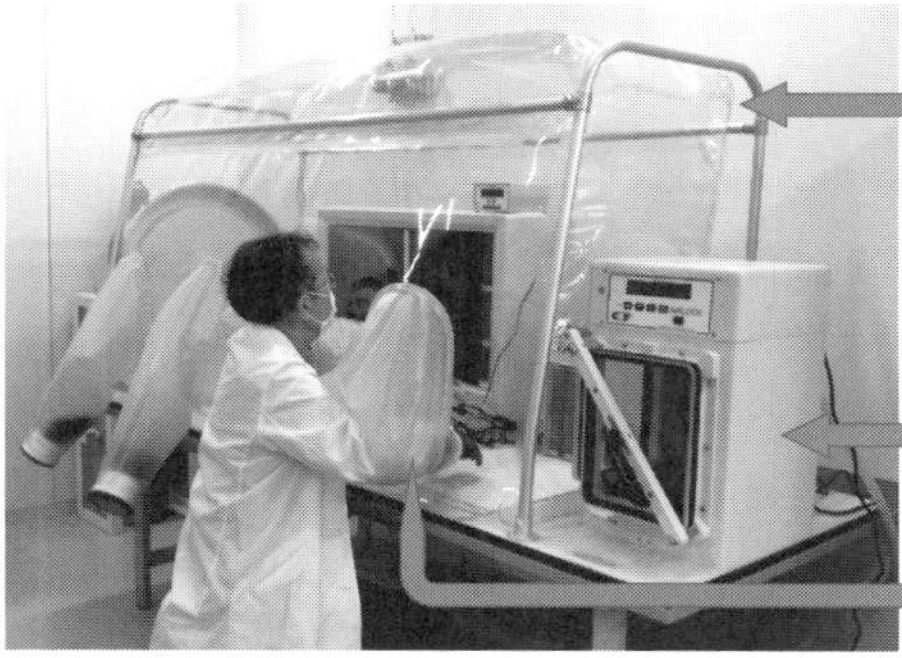

嫌気培養装置本体：内部に設置されているインキュベーター内でサンプルを培養する。装置内は、3 種混合ガス（窒素、二酸化炭素、水素：ボンベが奥に見える）で満たされており、酸素濃度はほとんどゼロに近い

パスボックス：嫌気装置の内外のモノの出し入れに使う

ゴム製のグローブに両手を差し込んだ状態で装置内の作業を行う

7 口腔内フローラの働き

私たちの消化管は、口から始まり肛門に至るまで1本の管となっていますが、構造や機能によって各部位に特徴的な細菌叢が構築されています。

口腔内フローラは、みなさんに共通する50～100種類のいわゆるコア・マイクロバイオームと、個人によって異なる600種類ほどの細菌種からなることが報告されています[5]。口腔内の各部位による違いとして、舌背上の舌苔の菌種構成は唾液中の菌叢構成とよく似ていることが明らかとなっています。また、歯と歯に接する歯肉との間の歯垢（デンタルプラーク）には、10^{11}CFU／gにも及ぶ細菌が棲息しています。

唾液中の細菌数は、唾液1mL当たりでおよそ10^{8}CFUと結構なレベルです。口を水でゆすいだときの細菌叢を調べた研究では、口腔フローラの3割を連鎖球菌が占めると報告されています。これに続き、ナイセリア菌、ヘモフィルス菌、ロチア菌などが高い割合で検出されますが、摂取する栄養と関係が深いようです。

たとえば、口腔疾患の一つである「う蝕」（虫歯）の原因菌として知られるミュータンス菌（ストレプトコッカス・ミュータンス：*Streptococcus mutans*）は、唾液のアミラーゼででんぷんが分解されて産生される糖類（ブドウ糖やマンノースなど）を取り込み、栄養にすることで増殖します。もう一方の、歯周病の代表的な原因菌であるポルフィロモナス・ジンジバリス（*Porphyromonas gingivalis*：P・ジンジバリス）は、糖を栄養とする能力は乏しいですが、食事中のタンパク質を分解して自らの栄養とすることができます。

歯周病の原因となる菌種は、P・ジンジバリスのほかタンネレラ・フォーサイシア（*Tannerella forthyth-ia*：T・フォーサイシア）やトレポネーマ・デンティコーラ（*Treponema denticola*：T・デンティコーラ）のレッドコンプレックスと呼ぶ3種以外に、フソバクテリウム・ヌクレアタム（*Fusobacterium nucleatum*）、プレボテラ・インターメディア（*Prevotella intermedia*）が代表的です。これらの菌種はすべて偏性嫌気性グラム陰性桿菌で、特徴的な病原因子（リポ多糖体、線毛、莢膜多糖など）を保有しています。こうした菌によって引き起こされる歯周病が多くの全身疾患と関わることも報告されています。

口腔細菌

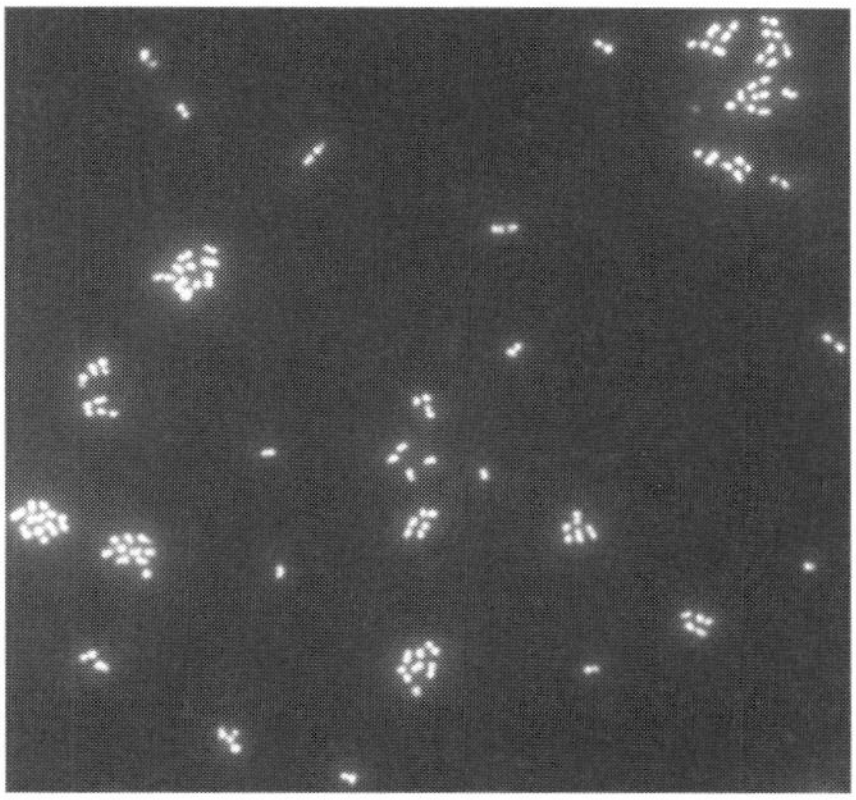

ミュータンス菌（*Streptococcus mutans*）

また、施設入居高齢者を対象とする研究では、舌苔の構成菌種の差異が肺炎などの死亡率に影響を及ぼすことが報告されています[6)]。肺炎死亡率の高い群では、ストレプトコッカス・サリバリウス（*Streptococcus salivarius*）、ベイロネラ・アティピカ（*Veillonella atypica*）、プレボテラ・ヒスティコーラ（*Prevotella histicola*）、プレボテラ・メラニノジェニカ（*Prevotella melaninogenica*）、ロチア・ムシラギノサ（*Rothia mucilaginosa*）などの菌種が特徴的です。

このように、口腔フローラを良好に保つことが健康を維持する上で大切です。また、後に詳述するプロバイオティクスが国内外で導入され、上記のP・ジンジバリス、T・フォーサイシア、T・デンティコーラなどの歯周病原因菌の減少や、歯肉炎など臨床症状の低減が報告されています[7)]。プロバイオティクスとして用いられるラクトバチルス・ロイテリ（*Lactobacillus reuteri*）、ラクトバチルス・ラムノサス（*Lactobacillus rhamnosus*）、ラクトバチルス・サリバリウス（*Lactobacillus salivarius*）などの乳酸桿菌は、口腔菌叢の乱れを是正する効果が期待されています。

8 食道・胃・十二指腸に生息するフローラ

食道や胃、十二指腸を指す上部消化管では、胃酸など殺菌性の強い消化液が分泌されるため、生息する細菌数は下部消化管（大腸）に比べて圧倒的に少ない特徴があります。常在細菌叢を構成する主な細菌属はストレプトコッカサス属、プレボテラ属、およびベイロネラ属です。

ピロリ菌（ヘリコバクター・ピロリ：*Helicobatcer pylori*）は、必ずしもすべてのヒトの胃内に生息しているわけではありません。しかし、鞭毛を利用して胃粘膜の粘液層に入り込み、アンモニアを産生することにより胃酸で酸性となった環境を中和し生き延びる、という知略に長けた細菌と言えます。

ピロリ菌が胃炎や潰瘍、さらには胃がんの原因となることから、抗菌剤と胃酸分泌抑制剤の併用による除菌も行われています。ピロリ菌の感染は、多様性の減少など胃常在フローラに影響を与えます。

小腸内の細菌叢は、サンプリングの技術的問題などにより口腔や大腸（新鮮便）に比べて正確な情報を得ることが困難ですが、健常者の主な常在細菌として連鎖球菌およびベイロネラ属細菌が知られています。ストレプトコッカス（S）属のうち、ミティス（*S.mitis*）、ボビス（*S.bovis*）、サリバリウス（*S.salivarius*）などの種が含まれ、これらによる多様な炭水化物の代謝の結果生じた乳酸をベイロネラ属細菌が利用する、といういわゆるクロスフィーディング（ある微生物の代謝産物を他の微生物が利用する）が行われています。ベイロネラ属のほかにも多様なクロストリジウム（*Clostridium*）属や大腸菌も検出されますが、個体差や摂取する栄養（特に炭水化物）による影響が大きいと考えられています。

小腸内細菌

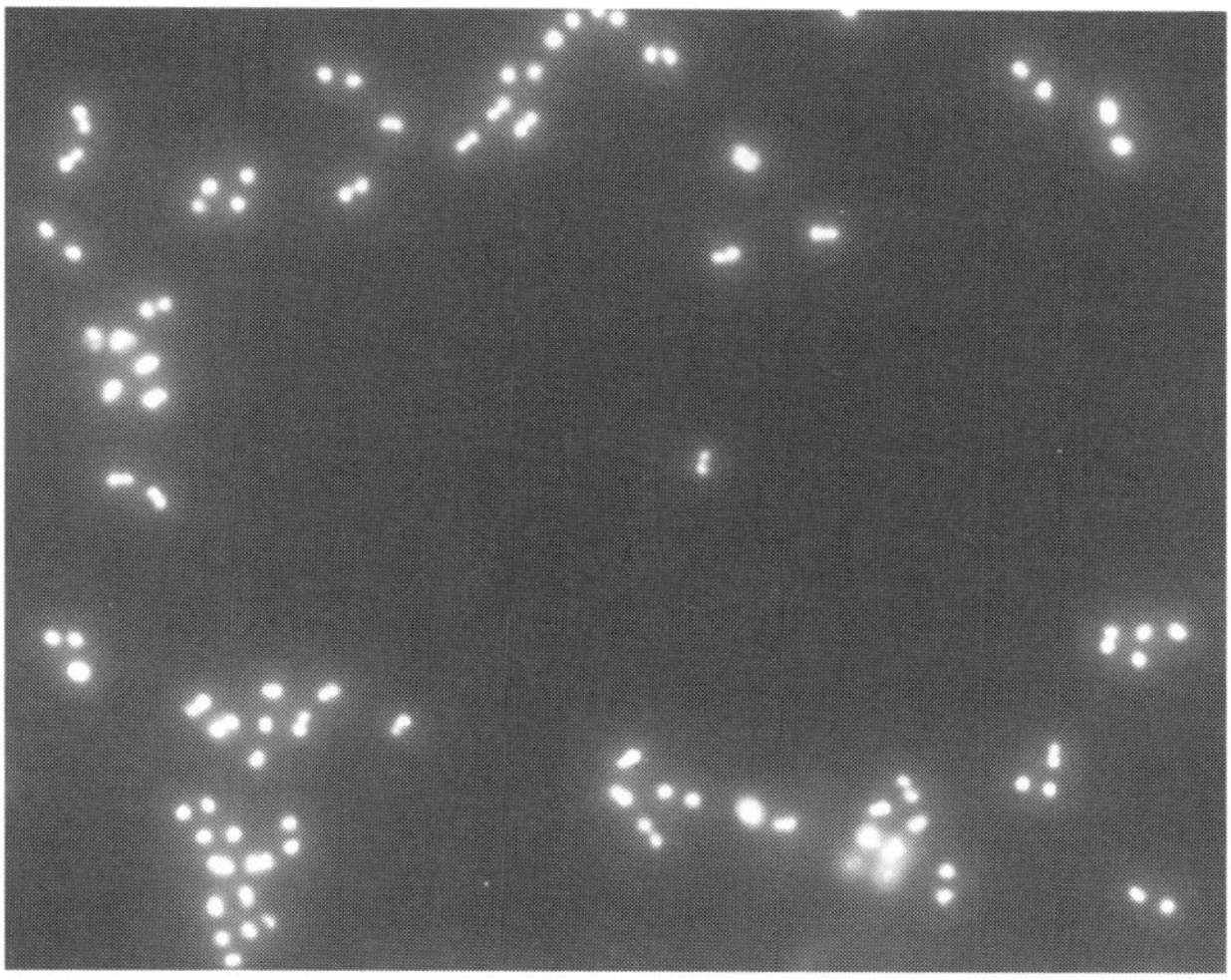

腸球菌（*Enterococcus faecalis*）

一口メモ

ピロリ菌は胃粘膜に定着するグラム陰性桿菌で、胃粘液中の尿素をアンモニアと二酸化炭素に分解し、生じたアンモニアにより棲息する周囲の胃酸を中和することで胃に定着します。50歳以上の日本人の約70%が感染していると言われ、慢性胃炎や消化性潰瘍、胃がんの原因となります。場合により、抗菌剤と胃酸分泌抑制剤の組合せによる除菌が行われます。

代謝物を他の微生物が使うのをクロスフィーディングと言うんだね

9 大腸（下部消化管）フローラの役割

総数100兆個とも言われる腸内細菌叢の大半は、下部消化管に生息しています。小腸と同じく、大腸内の内容物そのままの菌叢を調べることは難しいため、新鮮便を用いた解析が一般的です。

前述したRT－qPCR法を用いた解析の結果、健常成人の腸内フローラは、ほぼ同様の最優勢嫌気性細菌群で構成されていることが確認されています[8]。すなわち、クロストリジウム・コッコイデス（*Clostridium coccoides*）群、クロストリジウム・レプタム（*Clostridium leptum*）群、バクテロイデス・フラジリス（*Bacteroides fragilis*）ビフィドバクテリウム（*Bifidobacterium*）属、アトポビウム（*Atopobium*）属、プレボテラ属の6群で全菌数の100％近くを占める計算です。

一方で、これより生息レベルは1000分の1～100分の1の通性嫌気性菌群である乳酸桿菌群、腸内細菌科菌群（大腸菌もこの群に含まれる）、口腔内では主役級の連鎖球菌群やブドウ球菌群などは興味深いことに、異なる個人間でもほとんど同じような菌数レベルで生息していることが確認されています。

腸内フローラを構成する菌の種類は実に多様ですが、系統分類学的に、古細菌と呼ばれる1門と細菌ドメインの11の門に集約されます。門から以下、綱、目、科、属、種、の順でそれぞれのレベルにおける遺伝子配列の相同性に基づいて分類されます。

腸内の最優勢嫌気性菌群であるファーミキューテス門やバクテロイデーテス門は、きわめて多くの菌種を含有しています。個人差（国によっても違う）はありますが、健常成人ではこれらを合わせると総菌数の7～8割を占めるとされています。

大腸フローラ構成菌ー偏性嫌気性菌群

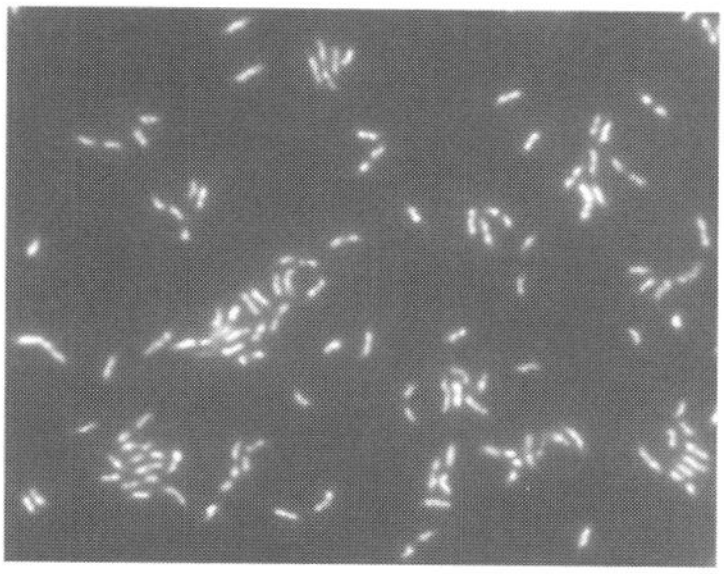

ビフィズス菌（*Bifidobacterium longum*）

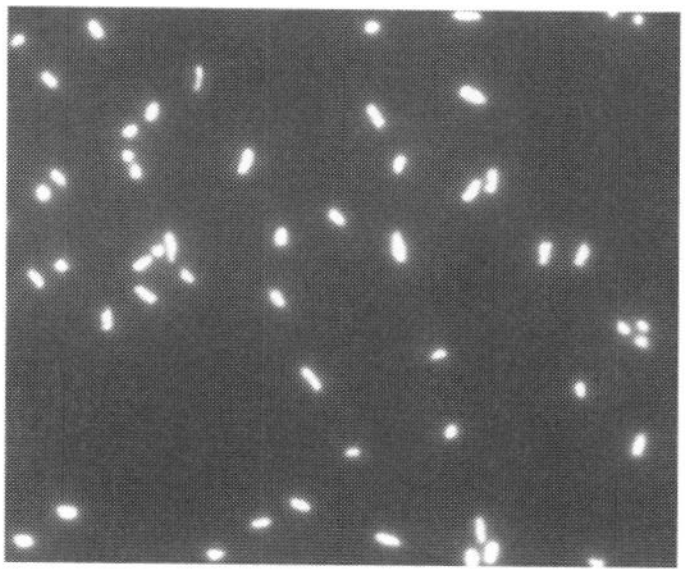

フソバクテリウム（*Fusobacterium varium*）

大腸フローラ構成菌ー通性嫌気性菌群

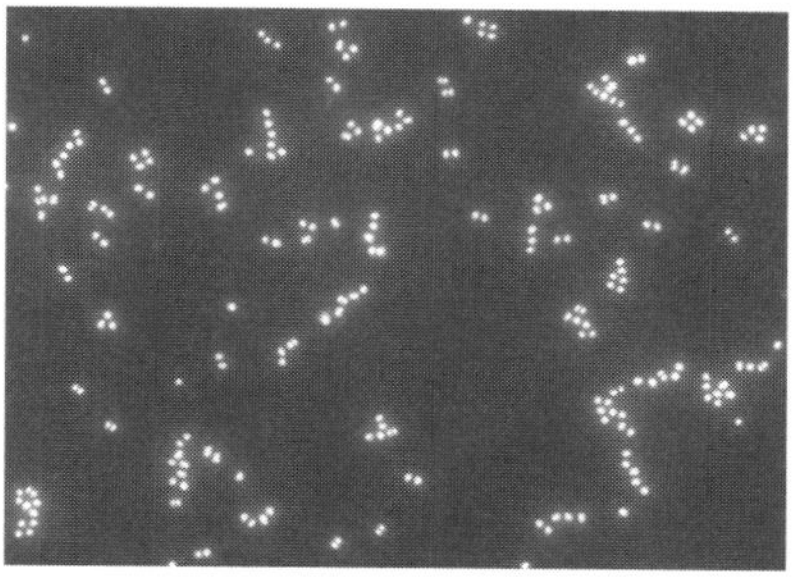

黄色ブドウ球菌（*Staphylococcus aureus*）

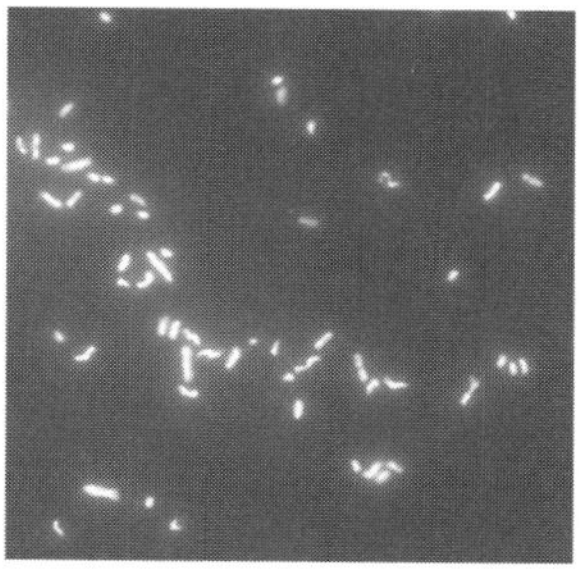

大腸菌（*Escherichia coli*）

日和見病原菌

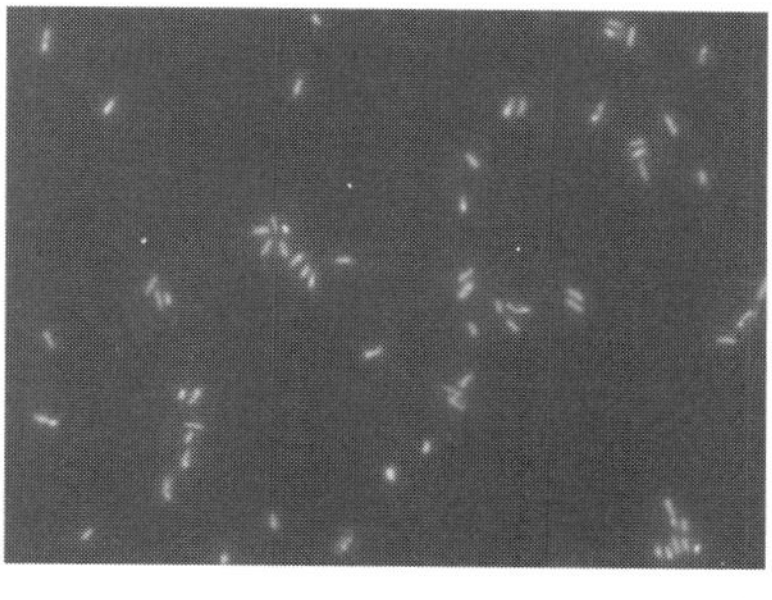

緑膿菌（*Pseudomonas aeruginosa*）

10 腸内フローラは新生児期に早くも変化する

「ヒトは無菌で生まれる」という考えが一般的ですが、最近では、私たちが胎内にいる時分から多くの微生物に触れる機会があることが報告されています[9,10]。たとえば、羊水や胎盤、初乳や胎便（生まれて最初の排便）に、微量ではあるものの細菌の遺伝子が検出されることが続々と学術報告されています。大腸菌やブドウ球菌などの通性嫌気性菌が主体ですが、その由来は母親の腸内菌叢であることも示唆されています。

本章第5項でも紹介していますが、多くの妊婦のみなさんとお子さんの協力を得て、生後1日目から3年目にわたって新鮮便に含まれる腸内細菌叢を調べてきました。その結果、新生児の腸内フローラ構成が出生後短期間に、劇的に変化することがわかりました[11]。

最も早く腸内に定着する菌群は大腸菌やブドウ球菌のような通性嫌気性菌で、このことは腸内細菌学の先達である光岡知足博士らにより報告されている培養法の結果から示唆されていましたが[12]、試験で用いたより高感度な分子微生物学的な定量解析により見事に確証されました。この後、生後1カ月後を目途に、嫌気性菌のビフィズス菌が大腸菌やブドウ球菌にとって代わり最優勢に達し、ほぼ成人レベルとなります。

乳幼児のビフィズス菌の定着には、分娩様式や栄養形式（母乳か混合栄養か）が有意な影響を与えます。すなわち、帝王切開児は経膣分娩児よりビフィズス菌の定着が遅れ、バクテロイデス・フラジリスグループなど最優勢嫌気性菌群の上昇も遅れます[13]。

帝王切開児の胎便は、経膣分娩児に比べて検出される乳酸桿菌（通常「乳酸菌」と呼ばれている菌群の主体をなす）の種類が顕著に少ないことから、通常分娩時に母親の膣内常在の乳酸桿菌が出産時に移行する可能性が示唆されています。また混合栄養では、近年オリゴ糖の添加が一般化したためか、ビフィズス菌の定着レベルはむしろ母乳栄養児より高めとなりますが、帝王切開児の場合は必ずしも確かではありません[14)]。

新生児・乳児期における腸内フローラの変遷

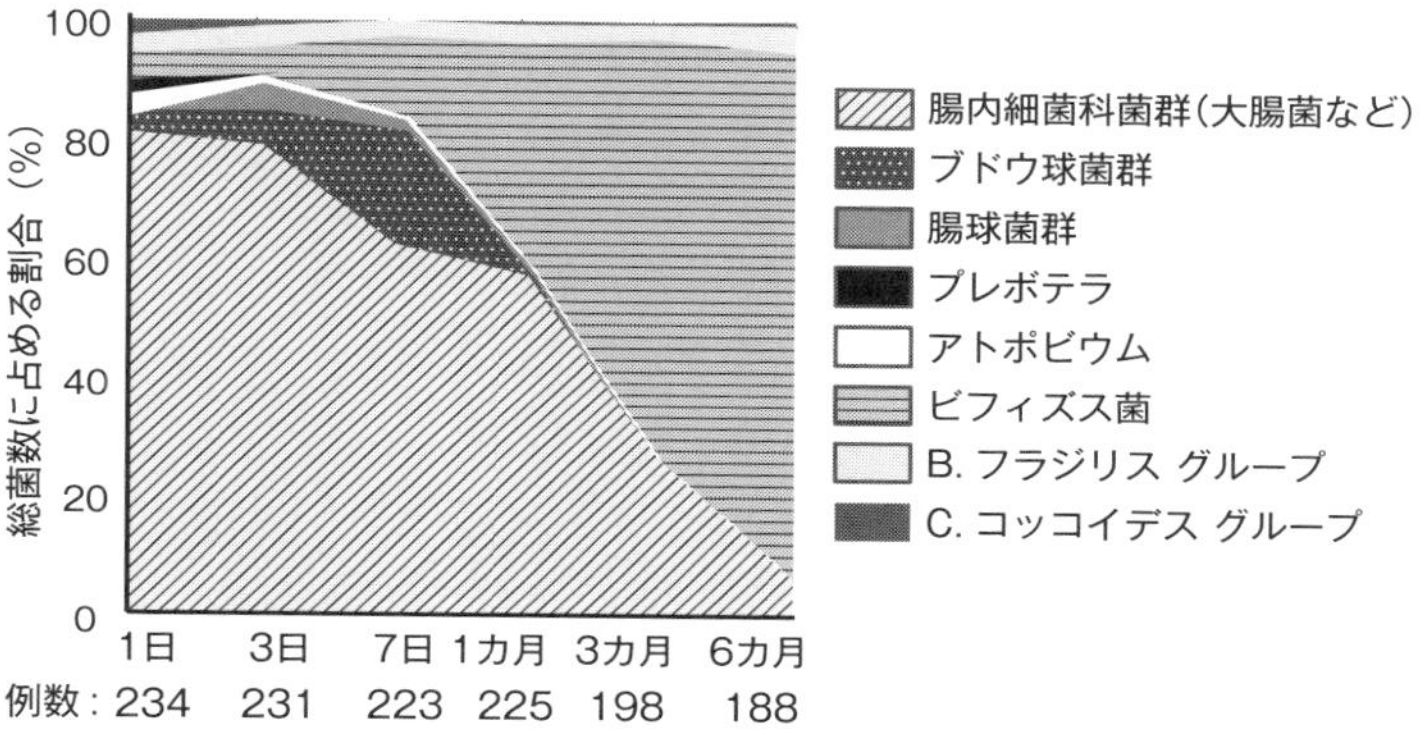

出所：辻浩和、野本康二：世紀を越えるビフィズス菌の研究，2011より改変・引用

ビフィズス菌は、善玉菌の代表のように認識されていますが、乳児において占有率が高いことも影響しているようです。母乳に含まれる主な炭水化物は乳糖ですが、乳糖は多くの腸内細菌の栄養源にもなります。この点、母乳に多く含まれる多種のオリゴ糖はビフィズス菌によって特異的に利用される栄養素です。

ビフィズス菌による母乳オリゴ糖の利用能（取り込みおよび酵素的分解）がビフィズス菌の種類によって異なることが、その定着に影響を与えることが示されています[15)]。150種を超えると言われる母乳オリゴ糖の各分子について、これを菌体内に取り込むためのトランスポーターと呼ばれるタンパクや、さらにはオリゴ糖を分解して資化する酵素も多様なことが判明しており、これらの機能を持つビフィズス菌種がオリゴ糖を資化することで、優先的に腸内に定着することが可能です。その結果、生後すぐの乳児では、主に大腸菌やブドウ球菌が腸内菌叢の主体を占めていますが、その後、母乳オリゴ糖（または粉ミルクに含まれるオリゴ糖）を餌にすることができるビフィズス菌に置き換わります[11)]。

11 小児期に示す腸内フローラの変化の特徴

乳児期の大きな腸内菌叢の変化から、離乳を経てほぼ3歳の時点で、腸内菌叢は大人型の嫌気性菌を主体とする構成に安定化することを、本章第5項で説明しました。腸内細菌の代謝は生後間もなくして盛んになり、有機酸濃度が急激に上昇するとpHは酸性で保たれます。これは、日本のみならず、米国で実施された試験でもまったく同様の結果が得られています。

イタリアの小児科医のデフィリッポ博士（De Filippo）らは、中央アフリカ・ブルキナファソの農村の小児と、医師本人が居住するイタリア市街地に居住する小児の腸内フローラを比較したところ、主要な菌群の構成に大きな差異があることを見出しました[16,17]。イモや食物繊維を多量に含む複合炭水化物が食事の中心であるアフリカの小児では、プレボテラ属やキシラニバクター（*Xylanibacter*）属などの菌群が主体でした。これらの菌群は、食物繊維を消化するのにより適した代謝系を有していることが推察されます。

一方で、より高タンパク・高脂肪の食事が主体のイタリア市街地に居住する小児では、プレボテラ属以外のバクテロイデーテス門（*Bacteroidetes*）やファーミキューテス門（*Firmicutes*）に属する菌群が主体である、という結果でした。

また、九州大学の中山二郎教授やシンガポール大学のリー博士（Yuan-Kun Lee）らにより主導されたAsian Microbiome Project研究では、日本を含むアジア5カ国10都市の小学児童（計303人）の腸内フローラが比較解析されました[18]。その結果、日本、中国、台湾の都市部に暮らす小児のフローラではビフィズス菌やバクテロイデス属の占有率が高く、その他の国（インドネシア、タイなど）や地方都市の小児では、

生後の腸管環境の変化

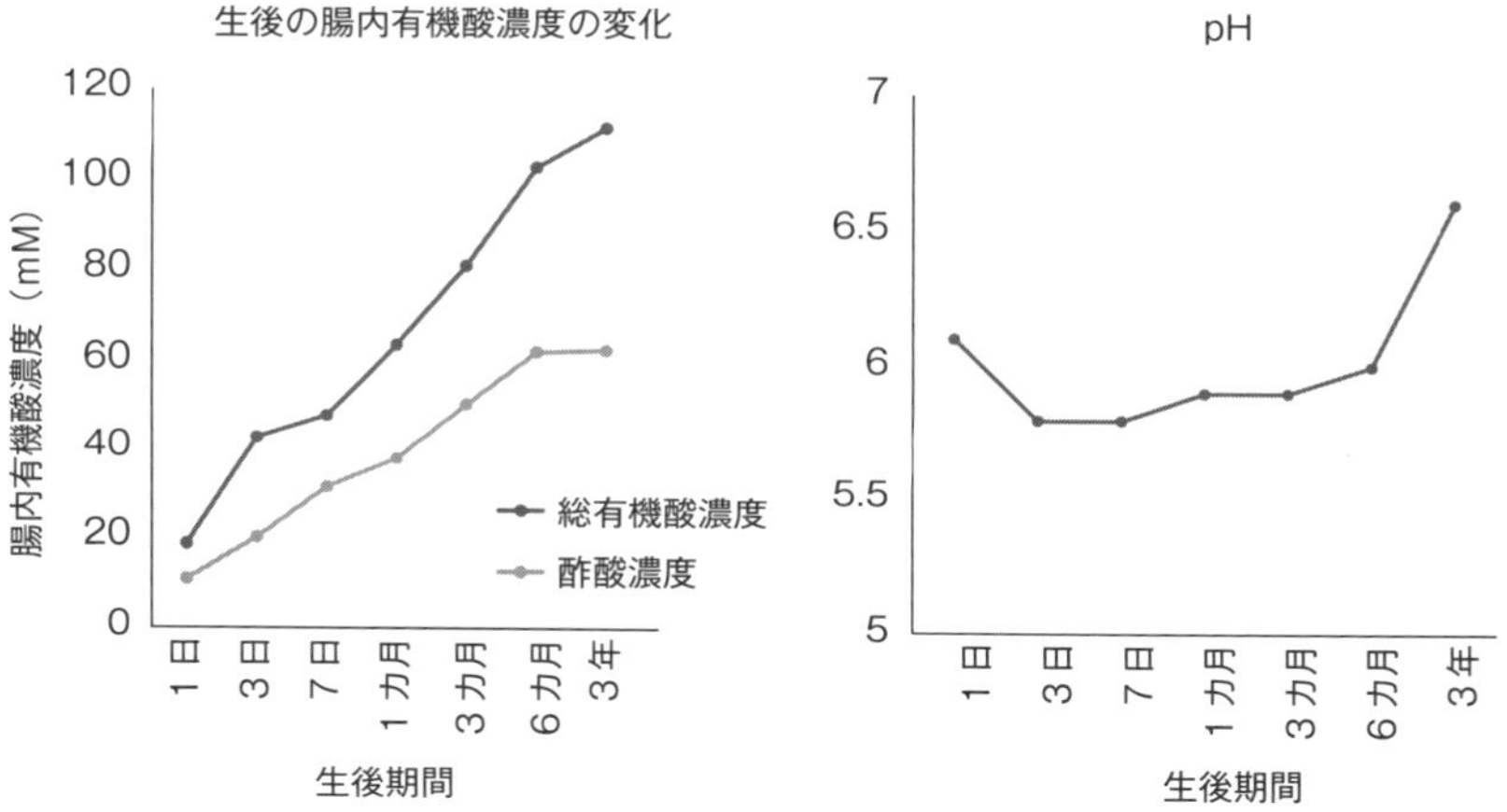

出所：Tsuji H, Nomoto K, et al, Front Microbiol. 2018; 9: 1417. 2018 Jun 29. より改変・引用

アフリカの小児でも占有率が高かったプレボテラ属の占有率が高いという結果でした。この結果報告では、各国や居住地域における食生活の差異（主に主食となる米の種類の違いにより摂取される難消化でんぷんの量が異なること）が、腸内フローラの構成に影響を与えていることを考察しています。

12 成長・加齢に伴う腸内フローラの変化

3歳以降のいわゆる成人型の腸内菌叢においては、本章第5項で触れた高感度な定量的解析の結果、最優勢嫌気性菌群およびこれに比べて生息菌数レベルが1万分の1～100分の1程度のサブドミナントな通性嫌気性菌群の大半において、各年代における菌数（対数）の分布が正規分布（対数正規分布）することが示されています。

正規分布とは、学校の試験成績の偏差値分布のようなものです。中央値近辺の結果を示す被験者が最も多く、一方で値が高くなればなるほど、あるいは低くなるほど被験者の数は減っていきます。統計学的にも、この結果がとても精緻であることが示されています。

また、この解析結果の最も重要な発見として、調べた菌群ごとの菌数に標準値があることが示されました。すなわち、この標準値から有意に逸脱する場合、腸内菌叢の異常と考えることができるという点です。

高齢者においては、若年層に比べてビフィズス菌数の減少が特徴的です。さらに高齢者では、通性嫌気性菌群である腸内細菌科菌群や腸球菌、乳酸桿菌、さらにはディフィシル菌やウェルシュ菌などの日和見病原菌が増加する傾向が示されています。興味深いことに、ビフィズス菌数と大腸菌群数の間に有意な負の相関関係が認められることも特徴です。

現在は有償になりますが、あらかじめ会社から送ってもらった便採取キットに自身の新鮮便を採り、会社に送り返してしばらくすれば、腸内フローラの測定結果が知らされます。この方法を用いて、自身の腸内のビフィズス菌や大腸菌の割合などの情報を得ることができます。さらに、食生活の改善などによる、いわゆる「腸活」の効果を検証することも可能です。

加齢による腸内フローラ構成菌群の増減

細菌群	加齢による変化（20歳以降）
総菌数	➡
C. コッコイデス グループ	⬇
C. レプタム サブグループ	⬆
B. ブラジリス グループ	⬇
ビフィズス菌	⬇
アトポビウム	➡
プレボテラ	➡
腸内細菌科菌群	⬆
腸球菌	⬆
ブドウ球菌	➡
乳酸桿菌	⬆
C. ディフィシル	⬆
ウェルシュ菌	⬆

出所：Tsuji H, *et al*, Front Microbiol. 2018; 9: 1417. 2018 Jun 29.より改変・引用

一口メモ

相関関係には「正の相関」と「負の相関」があります。正の相関関係とは、たとえば大腸菌の数を横軸にとり、ビフィズス菌の数を縦軸にとった場合、大腸菌数が増えるにつれてビフィズス菌数も増えるという関係です。一方、負の相関関係とは、大腸菌数が増加するとビフィズス菌数が減少するという関係になります。

歳をとると
ビフィズス菌は
減ってしまうんだ

13 動物（哺乳類）の腸内フローラはどうなっている？

ヒト以外で私たちの身近な動物について見ると、特にその食性に応じた特有の腸内フローラが形成されていることが明らかになっています。たとえば、ウシやヒツジなどの反芻動物は４つの胃を保有していますが、飼料である牧草や穀物など植物を咀嚼する間に、第1胃に共生している原虫などの微生物が持つセルラーゼなどの消化酵素などの働きにより、飼料中のセルロースが分解されて有機酸や単糖（グルコース）などの栄養分となります。

同じ草食動物でもコアラは特徴的です。主にオーストラリアの東・南東部に棲息する有袋類であるコアラは、ユーカリの葉しか食べないことは有名です。ユーカリにはタンニンが多量に含まれていて、これを食するとタンニンがタンパク質に結合し、タンニン−タンパク質結合体となるとタンパク質が消化されなくなることが知られています。コアラの腸内細菌にはタンニンとタンパク質を遊離させる酵素（タンナーゼ）を持っているものがいて、神戸大学の大澤朗教授はこの細菌（グラム陽性球菌）を分離しました[19]。

また、コアラは数百種もあるユーカリの中でも限られた種類のみを食べ、個体によって食べるユーカリの種類が決まっており、中には単一種のユーカリしか食べない個体がいることもわかっています。コアラの偏食傾向、すなわち特定種のユーカリを消化する能力は腸内細菌の組成によって決まる、ことを示唆する研究結果が報告されています[20]。

最近のオーストラリア東部の大規模な山火事で、多くのコアラが犠牲になり、絶滅を危惧する声も多く上がっています。コアラのユーカリ偏食性が、こうした流れに追い風となってしまいます。

最近の研究では、ある1種のユーカリ（マナガム）を常食とするコアラに、別の種類（メスメイト）のユーカリを常食とするコアラの便をカプセルに入れて食べさせることを行いました。そうすると、後者のコアラの腸内細菌で、マナガム常食コアラの腸内生着が良いほど、マナガム常食コアラがメスメイトをよく食べるようになったとの報告があります[21)]。

一方、特殊な食性に適応している別の例として、ジャイアントパンダがよく知られています。ジャイアントパンダは本来、食肉目クマ科に属していて、消化器の構造は肉食動物に近いとされています。餌は竹やササなどの食物繊維に富んだ植物ですが、皮肉なことに、パンダ自身は食物繊維を分解する酵素（セルラーゼ）を持っていないため、自身では消化できません。

どうしているかと言うと、パンダの腸内細菌が食物繊維を分解し、分解産物である糖を利用していると考えられています。実際にパンダの腸内から、セルロースやリグニンを分解する細菌が同定されています。しかし消化率は低く、したがってパンダがずっと竹にしゃぶりついているのは、このことが理由です。

最近の研究では、セルロースやリグニンなどの難消化性食物繊維を分解して利用するよりも、これらに付着しているより易消化性のヘミセルロースやデンプン

細菌の分類：系統樹

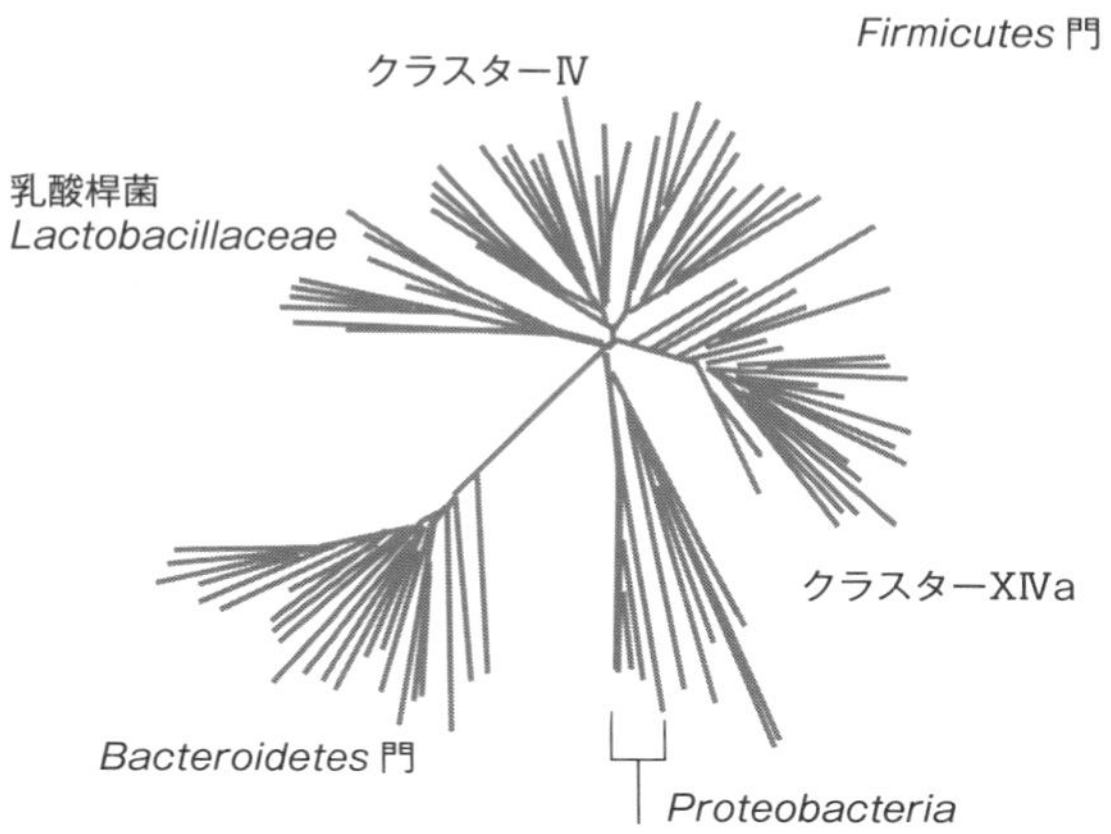

を、やはり腸内細菌の代謝を借りて消化しているのではないか、との考えが示されています[22)]。

私は現在、動物共生微生物学研究室に所属しています。そこでは、研究対象として「ブタ」を取り上げています。研究のポイントとして、ブタの飼料に添加されている抗菌剤を取り上げました。

日本では、家畜や家禽の感染防御や成長促進作用を目的とする、抗菌剤の飼料への添加が一般的になっていますが、EU諸国では2006年以降、成長促進を目的とする抗菌剤の飼料添加が禁止されています。さらに欧州議会では、2022年までに予防目的のすべての抗菌剤の飼料への添加を禁止する法律が通過しています。これは、抗菌剤による薬剤耐性細菌の誘導と、環境への伝播が問題視されているためです。

そこで腸内フローラを専門とする立場から、抗菌剤が豚の腸内フローラへ及ぼす影響を調べることにしました。所属する大学が持つ農場（富士朝霧高原）に車で出向き、飼育されている母豚から誕生した子豚の便を、新鮮な状態で核酸安定化剤の入ったチューブに採取し、東京の研究室に持ち帰りました。便からDNAを抽出し、次世代シーケンス法を利用して腸内微生物の網羅的な解析を行ったのです。

豚の成長における腸内フローラの変化を見るために、生後間もなくから20週目まで、継時的な便のサンプリングのため何度も新東名高速道路を往復しました。翌年度は、前年と同じ時期に、同じ母豚から新たに出産した子豚を、抗菌剤をまったく含まない飼料で飼育し、その腸内フローラを調べました。

足掛け2年かけて得られた結果から、抗菌剤は確かに子豚の健康状態を良好に保つことを示す結果が得られました。豚の腸内フローラの構成菌群は基本的にヒトと同様ですが、抗菌剤は腸内フローラの多様性（種類の数）を減ずるように働くものの、酢酸やプロピオン酸などの腸内の有機酸濃度およびプレボテラ属やベイロネラ属などの高い有機酸産生能を有する菌群の割合を上昇させることがわかりました[23)]。

近年は、家畜や家禽などの産業動物に加え、ペット動物におけるプロバイオティクスの利用も注目されています。現在、抗菌剤の代替としてのプロバイオティクスの有用性を検討しています。

ブタとウシの消化管の構成

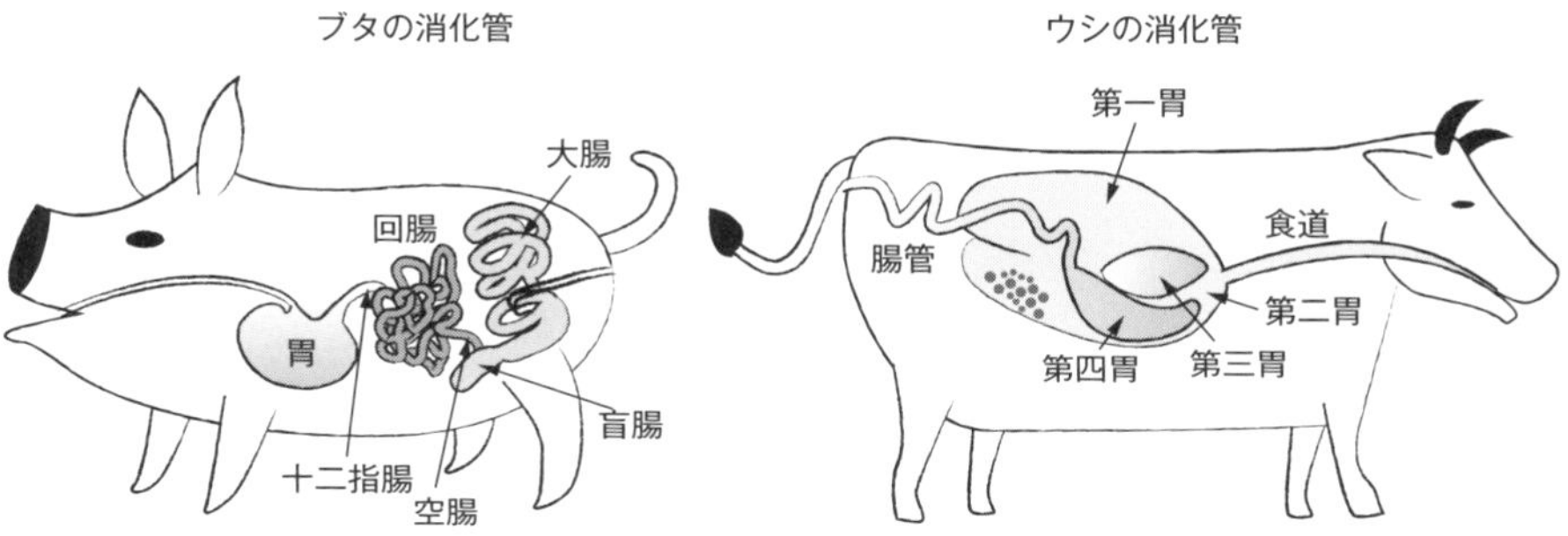

出所：
https://animalcare-ng.com/index.php?option=com_content&view=article&id=246:definition-of-gut-health-in-pigs&catid=52&Itemid=361 より抜粋・引用

哺乳動物の腸内フローラの系統分類図

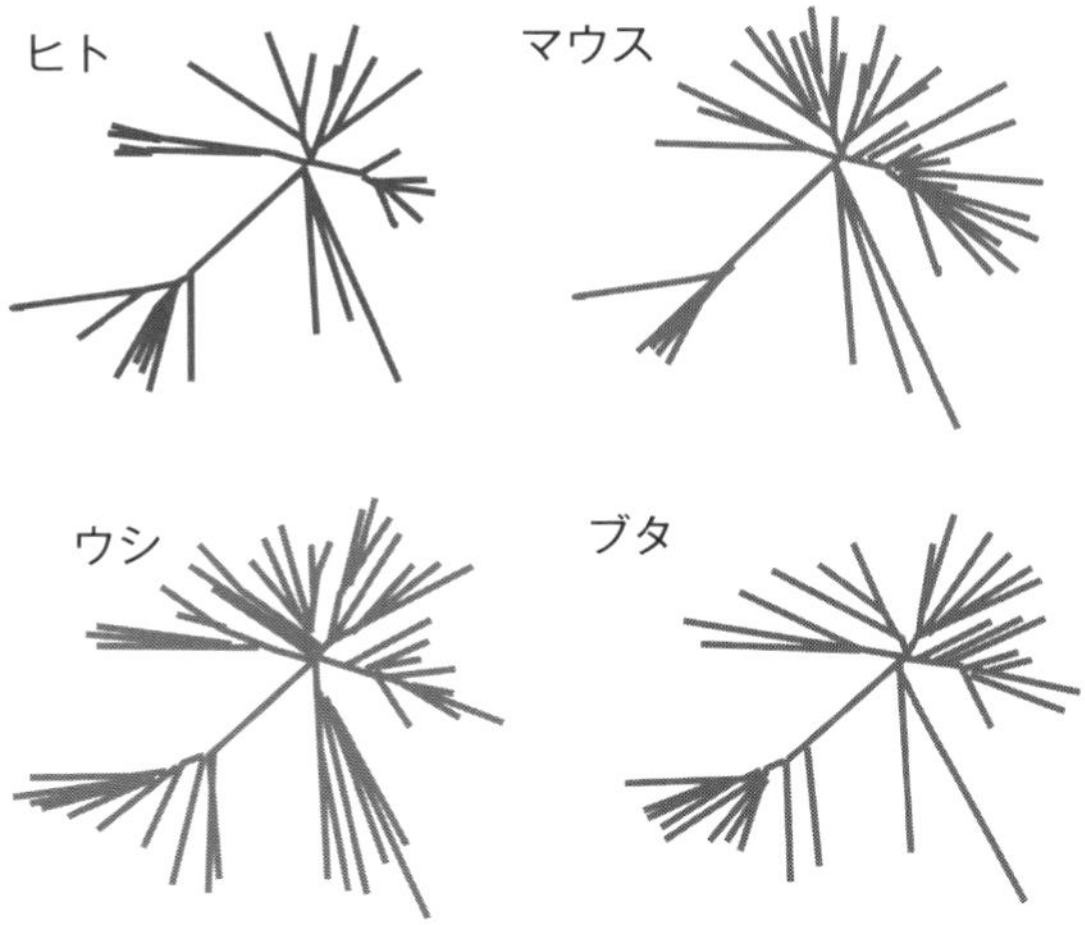

哺乳類では、*Bacteroidetes* 門と *Firmicutes* に門に属する *Bacteroides, C. coccoides*group（XIVa）、*C. leptum*subgroup（IV）、*Lactobacillus*、*Mollicutes* などが主要なフローラ構成菌である

14 昆虫類の腸内フローラはどうなっている？

昆虫類の腸内フローラも、種類によってかなり特徴的であることが知られています。理化学研究所の研究グループは、シロアリー原虫ー細菌の3者の共生関係を報告しています[24]。シロアリは木片を食べますが、シロアリ自身は消化できません。シロアリの腸内に共生している原虫が、摂取された木片のセルロースを酵素的に消化し、シロアリが消化できる可能な糖まで分解してくれるのです。一方で、シロアリの腸内細菌群は与えられた糖をエネルギーとして利用しながら、空気中の窒素を利用してアミノ酸やビタミンを合成し、原虫やシロアリに提供します（本章第1項で図示）[24,25]。

さらに最近、産業技術総合研究所の伊藤英臣主任研究員らは、大豆などの農作物の害虫であるホソヘリカメムシの幼虫期に、複数の細菌が共生した場合に細菌同士が競合し、最終的に腸内環境に最も適応した1種の細菌（SBEバークホルデリア：土壌中に見つかる細菌の一種）のみが共生する状態になることを報告しています[26]。こうした害虫の腸内フローラを詳しく調べることで、これに即した防除法の開発が期待されます。

害虫ばかりでなく、昆虫に共生する腸内細菌による環境改善作用を期待させる研究も行われています。米国スタンフォード大学の研究グループは、飼育動物の餌となるミールワーム（ゴミムシダマシという甲虫の幼虫）に発泡スチロール（ポリスチレン）のみを与えて飼育すると、これを食べて栄養としながら生存することを見出しました。彼らはこのミールワームの腸内から、発泡スチロールの素材であるポリスチレンを分解する細菌を分離しました[27,28]。

一方で最近、ハマー博士（Tobin Hammer）らは、米国や中米から採取した124種類もの植物の葉を食べ

発泡スチロールを食べて生き延びるミールワーム

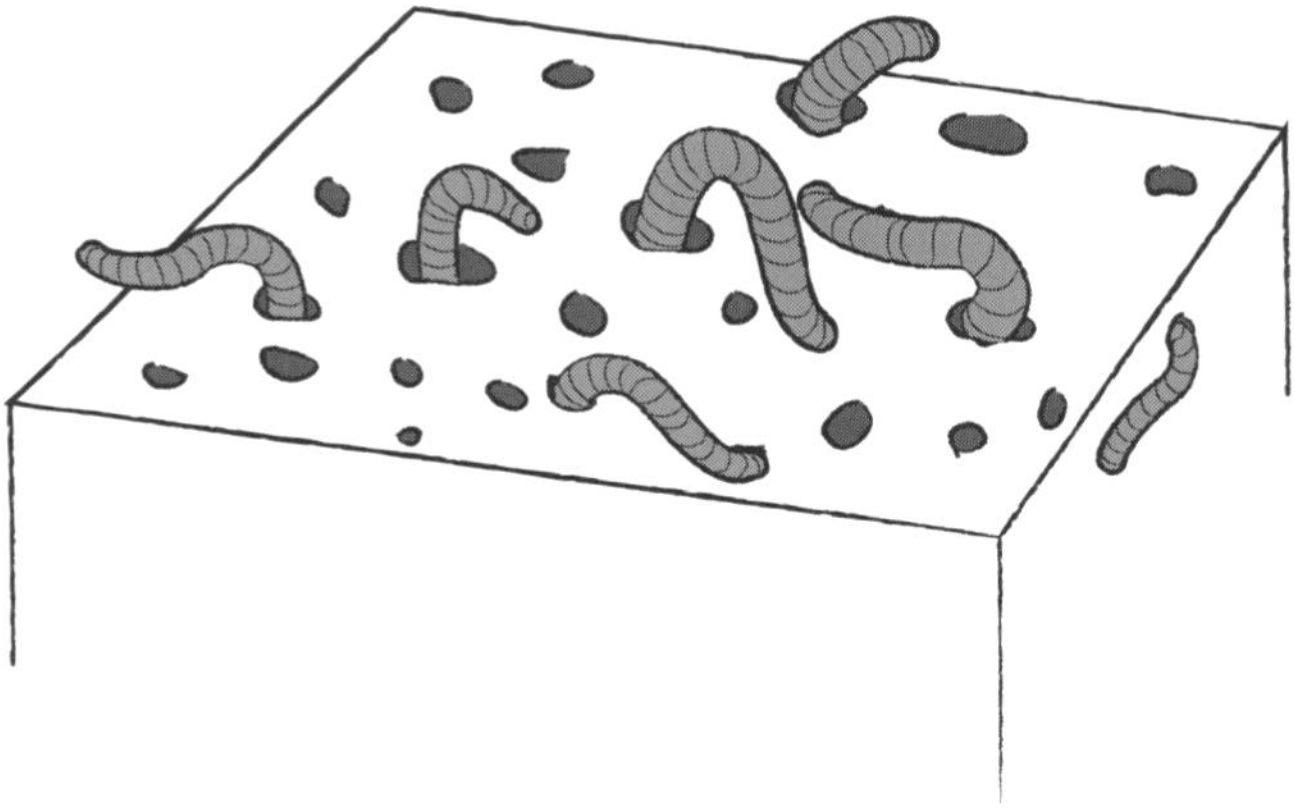

出所：Yang J et al, Environ. Sci. Technol, 48: 13776-13784, 2014 より改変・引用

るイモムシの腸内フローラを調べました。するとその種類は個体間で多様でかつ数も少ないこと、および腸内細菌が餌となる葉を消化する作用は示さなかったことがわかりました。その結果、調べたイモムシからは腸内細菌の栄養的な機能の関与は認められず、単に植物に付着して摂取された菌が検出されたと結論しています[29]。

蝶類の寄主植物特異性で、たとえばモンシロチョウはキャベツの葉に産卵し、アゲハの幼虫は蜜柑の葉を食べることがよく知られています。幼虫の狭食性（餌とする植物の範囲が狭い）と寄主選考性の種間差[30]に、腸内細菌が関与する可能性は興味深いと考えます。

一口メモ

稲やダイズの重要な害虫であるカメムシ類は、消化管に多数の盲嚢（もうのう）という袋状の器官を保有し、その中に1種類の共生細菌が棲息しています。カメムシに抗生剤を与えて共生細菌を殺すと、カメムシは成長できず死に至ります。カメムシに共生する腸内細菌は種別によって多様で、ヘリカメムシ科やナガカメムシ科の個体はバークホルデリアを共生させていることが報告されています[26]。

Column

日本の細菌学の父、北里柴三郎

北里大学の学祖は、北里柴三郎（1853～1931）博士です。

北里博士は、単独でドイツ・ベルリン大学に留学（1885～1892）し、コッホに師事して、「破傷風菌の純水培養法の確立」「破傷風抗毒素による抗毒素血清療法の基盤の確立」などの業績を上げられました。香港でペストが大流行した折には、現地に赴いてペスト菌を発見した実績も残しています（1894）。

また、伝染病研究所（現・東京大学医科学研究所）、私立北里研究所、慶應義塾大学医学科などを創設され、「日本の細菌学の父」と呼ばれています。北里大学の理念として、「いのちを尊び、生命の真理を探究し、実学の精神をもって社会に貢献する」と謳われており、北里先生の訓言として「終始一貫」が遺されています。

私は「腸内フローラの構造および機能の解明」に加え、「乳酸菌の生体防御機構の賦活化作用の解明」を長年の研究テーマとしてきました。北里大学薬学部微生物学教室の先生方とは、長期にわたりこのテーマで共同研究してきた足跡があります。前任の檀原宏文教授や現在の岡田信彦教授には、それこそ目から鱗のそれまで気づかなかった考え方や研究の進め方を、親身に指導いただいたことは忘れることができません。そのような数々の先生方を輩出してきたことも、北里博士のもう一つの功績と言えないでしょうか。

第2章

腸内フローラはどこで、どのように存在する?

15 腸内フローラは安定している？

私たちの腸内フローラを構成する最優勢の細菌群は、主にファーミキューテス門とバクテロイデーテス門、アクチノバクテリア門、プロテオバクテリア門の4つです。これらの菌群の菌数バランスが、個人別で安定に保たれていることを示す興味深いデータがあります。

この研究は、健常な日本人の成人ボランティア6人から、連続した8カ月間に8回（月1回）便を集め、中に含まれるビフィズス菌の種類と種類ごとの数を調べました[31]。ちなみに、ヒト腸内から検出されるビフィズス菌種には、ビフィドバクテリウム（B）属のうちアドレセンティス（*B.adolescentis*）、アンギュラタム（*B.angulatum*）、ビフィダム（*B.bifidum*）、ブレーベ（*B.breve*）、カテニュラタム（*B.catenulatum*）、ロンガム（*B.longum*）、シュードカテニュラタム（*B.pseudocatenulatum*）などが知られています。

次ページの試験結果から、Aさんは期間を通じて4種のビフィズス菌が検出され、増減は若干あるものの菌種間の菌数レベルは安定していました。またB・C・Dさんも、個人ごとに同種のビフィズス菌が同様の菌数レベルを維持した状態で検出されました。

Eさんは期中でほぼ1種（B・ロンガム）しか検出されず、菌数もごく少ないものでした。また、試験前に抗生剤を服用していたFさんは、その影響のせいか当初2カ月はビフィズス菌が検出されず、その後B・カテニュラタムとB・ブレーベが定着し、次いでB・アドレセンティスが加わる推移となりました。

この結果は、健常成人におけるビフィズス菌種構成が長期間安定しているという腸内フローラの恒常性の一端を示し、他の多種多様な菌群における恒常性も同様に安定して保たれていることが示唆されます。

健常成人の腸内ビフィズス菌種および菌数の時期による変動

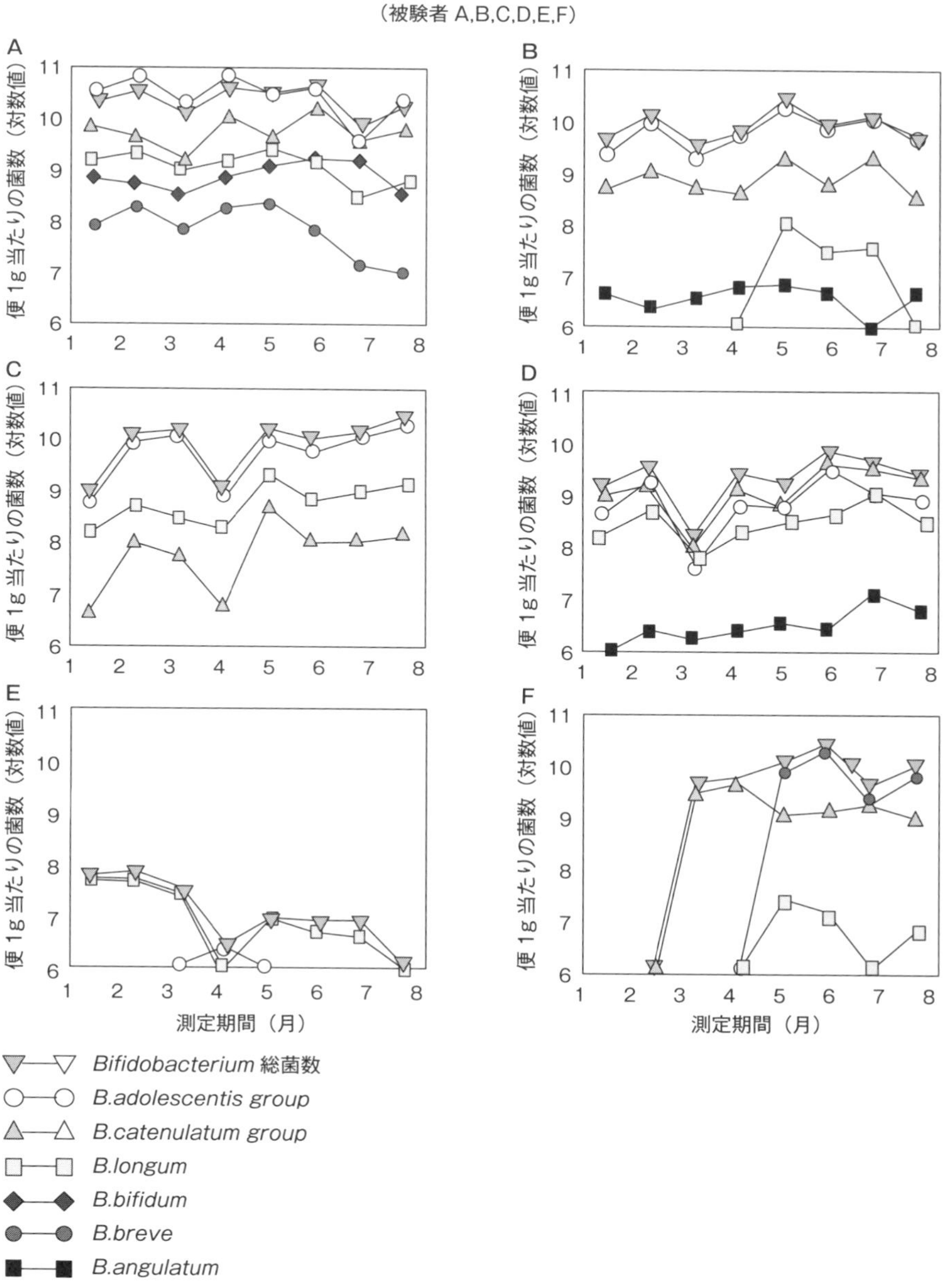

出所：Matsuki T et al., Appl Environ Microbiol. 65: 4506-4512, 1999 より改変・引用

16 コロナイゼーションレジスタンスのおかげで腸内バランスが保たれる

前項の最後に触れましたが、腸内フローラというきわめて複雑多様な微生物生態系の恒常性は、どのように保たれているのでしょうか。その答えはほとんど解明されていません。

この恒常性を理解するための考え方として、「コロナイゼーションレジスタンス（CR：colonization resistance）」が提唱されています。すなわち、異なる腸内細菌群相互の自律的なバランス維持機構です。これは、食べ物などを通じて周囲の環境から腸内に侵入するさまざまな微生物が、むやみに腸内に定着するのを防ぐシステムと理解されています。

腸内フローラの恒常性は栄養の偏り、高齢化、感染、医療的措置などにより崩され、下痢や便秘などさまざまな症状や疾患が誘導されます。このCRという機構は、健常な成人は比較的タフで、多少の揺動因子で一過的に腸内フローラの異常（学術的にはディスビオーシスと呼ぶ）が起きても、通常状態に戻す復元力（レジリエンス）を持っています。

健常成人とは異なり、生体防御能の脆弱な低出生体重児（出生時の体重が2500g未満）はCRが不完全な状態のため、腸管に侵入した日和見病原菌による感染症に至る危険性が高いことが知られています。そこで、臨床ではこれを未然に防ぐ目的で、生後早期の低出生体重児にビフィズス菌（プロバイオティクス）を腸内に投与しています[32]。

この場合、腸に送り込まれたビフィズス菌が不完全な腸内フローラのCRを補完するように、一時的に腸管内に定着して酢酸や乳酸など有機酸を産生します。これにより、日和見病原菌の腸内増殖を阻止し、腸管上皮のバリア機能を改善して日和見菌の体内侵襲を防

腸内フローラのCRの低下に基づく ディフィシル菌による抗生剤誘導下痢症の誘導

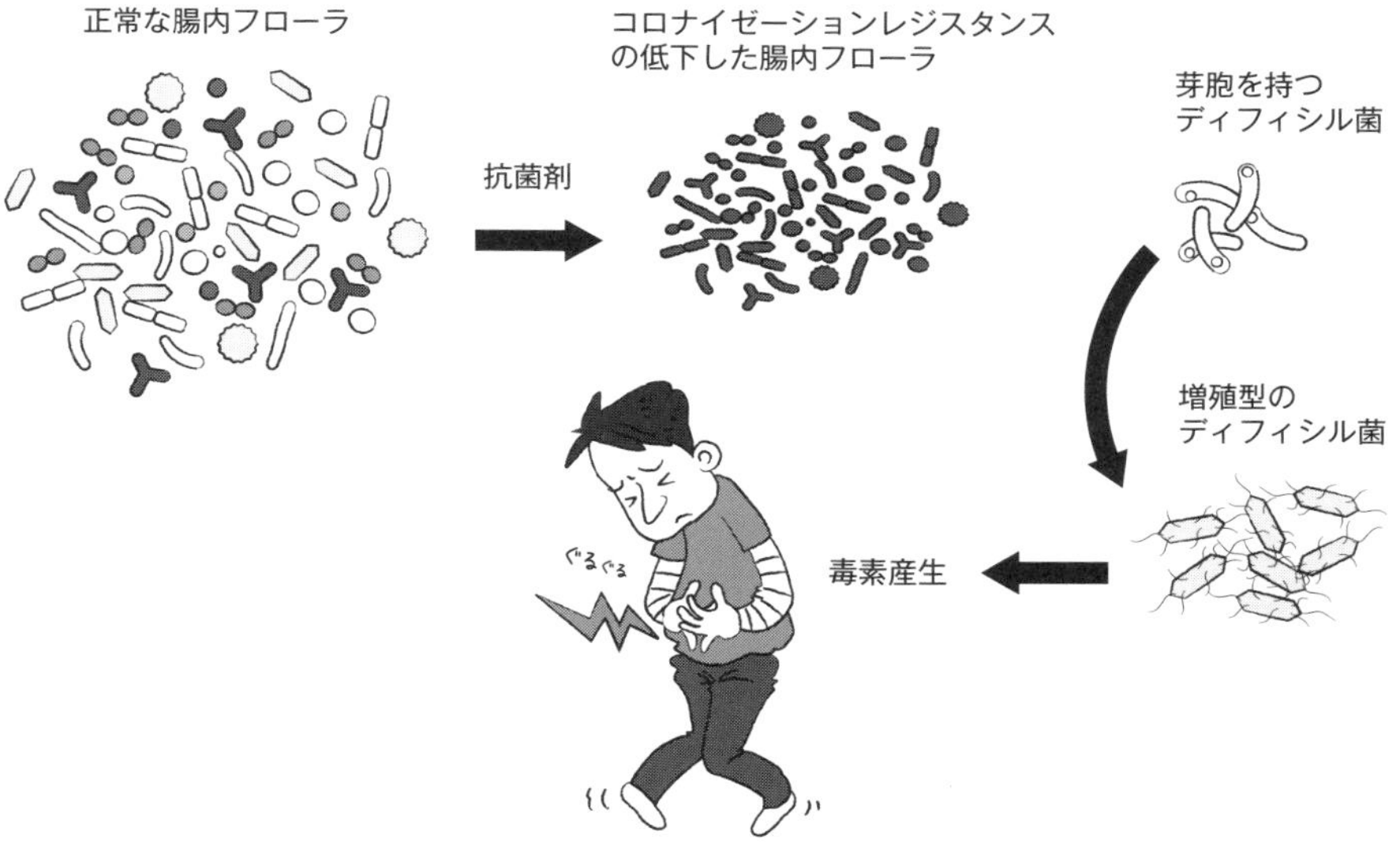

ぐことで、新生児を日和見菌による感染症から守ると考えられています。もちろん、投与されるビフィズス菌も生菌ですから、それ自身が児の健康に問題を起こさないような注意を持って実施されています[33]。

慶應義塾大学の金倫基教授らは、新生児マウスの腸内嫌気性菌の一部（嫌気性のクロストリジウム菌群）に、サルモネラ菌やシトロバクター菌など腸管病原菌の腸内増殖や感染症を阻害する作用があることを報告しています[34]。週令が進んだマウスや成熟マウスの腸内細菌ではこの作用が消失することから、生後早期の正常な腸内フローラ構築に基づくCRが重要です。

もちろん、成人においてもCRの意義は大きいで

一口メモ

コロナイゼーションレジスタンス（CR）は、ファンデルワーイ博士（van der Waaiji）により1970年代に唱えられた概念です。あらかじめマウスに抗生物質を与えておくと、その後に外から与えた大腸菌などが顕著に腸内定着しやすくなる、という実験結果に基づいています。

便微生物移植による抗生物質誘導ディフィシル菌感染症の治療効果

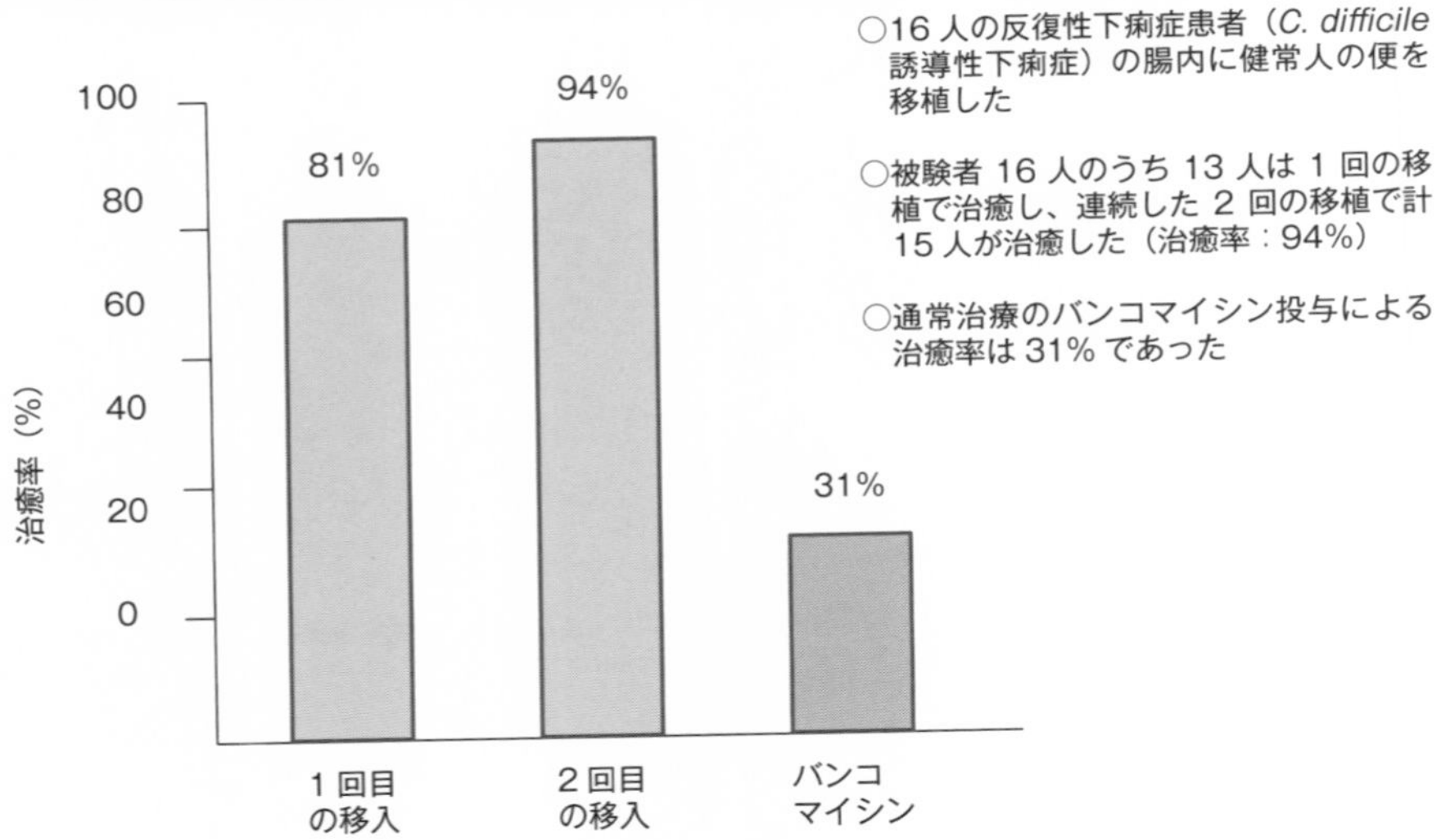
○16人の反復性下痢症患者（*C. difficile* 誘導性下痢症）の腸内に健常人の便を移植した
○被験者16人のうち13人は1回の移植で治癒し、連続した2回の移植で計15人が治癒した（治癒率：94%）
○通常治療のバンコマイシン投与による治癒率は31%であった
治癒率（%）
100
80
60
40
20
0
81%
94%
31%
1回目の移入
2回目の移入
バンコマイシン

出所：van Nood E. et al. N Engl J Med. 368:407-415, 2013より改変・引用

す。前ページ上図に示したように、腸内の日和見病原菌であるディフィシル菌（*Clostridium difficile*）の異常増殖を伴う抗生物質誘導下痢症（CDAD）では、抗生剤の投与でCR能が著しく低下した患者の腸内に、健常者の便微生物を移植すること（便微生物移植：FMT）で症状が顕著に改善されることが報告されています。FMTが有効性を発揮するために、移植された健常者の腸内微生物群がCDAD患者腸内フローラのCRの破綻を補完することが重要と考えられています[35]。

ちなみに、CDADにおけるFMTの有効性について、数々の臨床試験により再現性が示されています。一方で、慢性炎症性腸疾患（第22項で詳述）、肥満および糖尿病などの疾患についてもFMTが検討されていますが、現状では一般的な治療段階に至っていません。

CRを司るメカニズムは、不明な点がまだ多く残っています。腸内微生物の栄養源でもある食事や、腸内微生物間の互助作用、宿主である私たちの免疫機構との相互関係など、多くの因子が関わっていると考えられています。

17 地域による腸内フローラの違い

現在では、腸内フローラ研究は世界的に生命科学研究の大きな分野の一つとなっており、さまざまな国や地域の住民の腸内フローラが調べられています。大規模な調査の先駆けとなったのは、米国の国立健康研究所（National Institute of Health：ＮＩＨ）が主導して２００８～２０１２年にかけて実施された、いわゆるhuman microbiome project（ＨＭＰ）でしょう。

この研究では、厳しいチェックで健常と判断された２４２人の成人男女の腸内フローラが調べられました。その結果、腸内フローラを構成する細菌数として、全体でも１０００程度、個人レベルでは１００種を超えるという結果が得られました[36]。構成する細菌群は主にファーミキューテス門、バクテロイデーテス門、アクチノバクテリア門、プロテオバクテリア門に属する菌種や古細菌であることが確認されました。

この第１期のＨＭＰに続いて実施された第２期ＨＭＰでは、早産、慢性炎症性腸疾患、糖尿病などに関与する腸内フローラ異常などに焦点が置かれました[37]。現在のＨＭＰの状況はウェブサイト（https://hmpdacc.org/hmp/outreach/workshops.php）で確認できます。また、日本における分子生物学的なヒトの腸内フローラ解析の先駆者である服部正平教授（当時は東京大学新領域創成科学研究科）らの研究結果から、構成菌群の構成比率は個人間で多様なものの、私たちの身体機能に関与する腸内細菌の機能遺伝子の基本的な組成は全被験者間でほぼ共通することが示されました[38]。

さらに、同研究グループが日本を含む12カ国（日本、中国、米国、フランス、オーストリア、スペイン、デンマーク、スウェーデン、ロシア、ベネズエラ、ペルー、マラウイ）のヒト腸内フローラを比較したところ、「腸内フローラの菌種組成が国ごとで異なる（国ごとのユニークな腸内フローラ）」「同一国の被験者間の腸内フローラの類似性は異国被験者間の類似性よりも高い」ことがわかりました。また、日本人の腸内フローラの特徴として、

①最優勢嫌気性菌群として検出されるビフィズス菌やブラウティア属の比率が高い

②腸内細菌による炭水化物、アミノ酸およびビタミンなどを代謝する機能遺伝子が豊富である一方で、エネルギー代謝、細胞の運動性や複製・修復に関わる遺伝子が少ない

ことなどが報告されています[39]。

パプアニューギニアの高地に住む人々はサツマイモなど食物繊維に富む食生活を営み、逆にタンパク質摂取量が少ないのに筋骨隆々としている理由は以前から不思議に思われてきました。私が共同研究してきた梅崎昌裕博士らのグループでは、同地に住む人々の腸内フローラから、遊離の窒素からアンモニアなどの窒素化合物を産生する機能を有する、いわゆる「窒素固定菌」を分離しています[40]。

窒素固定細菌としてはマメ科植物の根粒細菌などがよく知られていますが、遊離の窒素を取り込む能力と、これをアンモニアなどに変換する酵素とを併せ持っています。梅崎博士らのグループでは、パプアニューギニア人のみでなく、日本人健常男性のヒトの腸内フローラ構成菌も窒素固定能を有することを示す結果を報告しています[41]。また、パプアニューギニア人の中でも特にタンパク質摂取率の低い個人では、便へのアミノ酸の排泄量が多いことから、こうした個人では低たんぱく食に対する適応として腸内細菌によるアミノ酸産生が亢進していることが考察されています。

以上のように、国や地域による腸内フローラの構造や機能の差異には、地域によって食べているものが違うことが最も強い影響を与えているようです。言い換えれば、このような情報をもとにして食事内容を調整することにより、腸内フローラをコントロールすることが可能と言えるでしょう。ということで、次項では腸内フローラの恒常性に影響を及ぼす因子として、栄養に関する情報を整理します。

アフリカの農村とヨーロッパの小児の腸内フローラ

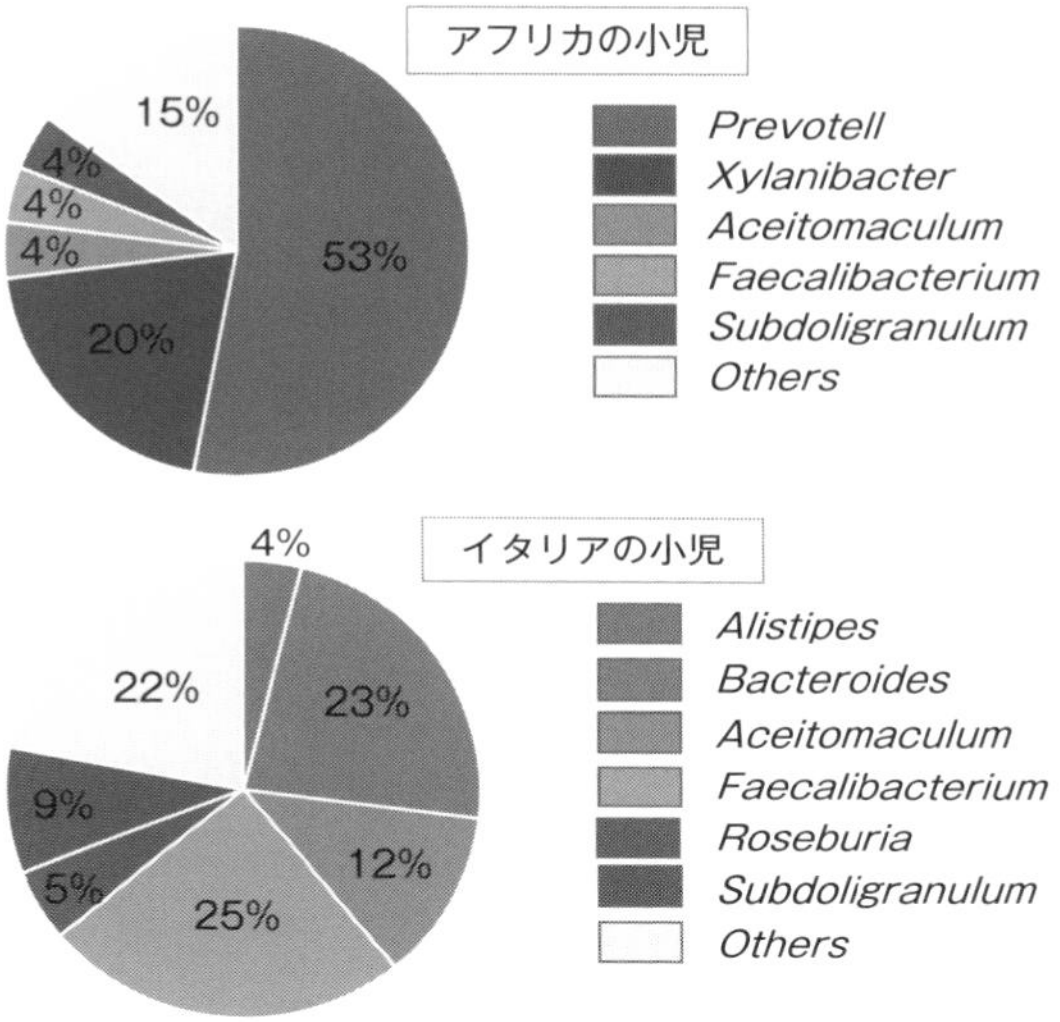

出所：De Filippo C, et al. PNAS, 107: 14691-14696, 2010 より改変・引用

アジア諸国小児（7～11歳）の腸内フローラの違い

中国（北京、蘭州）および日本（東京、福岡）：
バクテロイデスとビフィズス菌が多い

台湾（台北、台中）とタイ：
中間型

コンケン（タイ）、ジョグジャカルタ、
バリ（インドネシア）：
プレボテラがきわめて多い

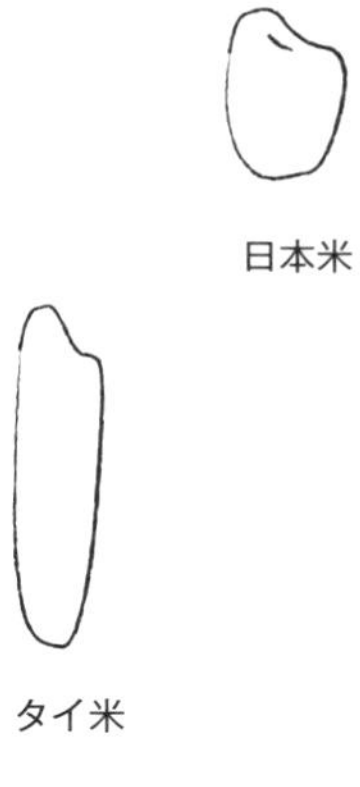

出所：Nakayama J. et al. Scientific report, 5:8397, 2015 より改変・引用

18 腸内フローラの栄養となる食物繊維

食物繊維とは、「非でんぷん性多糖類で、難消化性炭水化物にほぼ一致する」と理解されています。米国スタンフォード大のソネンバーグ博士（Justin Sonnenburg）らは、腸内微生物代謝の視点から考えて、食物繊維の摂取を意識することが健康のために有効と主張しており、〝microbiota accessible carbohydrates（ＭＡＣｓ）〟（微生物叢が栄養として利用する炭水化物）という概念を提唱しています[42)]。

未消化の食物繊維が大腸まで到達すると、腸内の最優勢の嫌気性細菌群により消化され、酢酸やプロピオン酸、酪酸といった短鎖脂肪酸などの有機酸が産生されることが腸内フローラの恒常性を保つ上で重要と考えられています。有機酸は大腸上皮細胞の栄養となるだけでなく、大腸の蠕動運動を促進します。私たちの健康に密接な関係があるとされ、がん、糖尿病、肥満などの予防効果や免疫調節機能の促進まで幅広い作用が報告されています。

主要な腸内有機酸である酢酸の、健常成人の大腸における濃度は50㎜（ミリモル）を超えるレベルです。大腸内の弱酸性環境において、日和見菌（大腸菌群やブドウ球菌群などの通性嫌気性菌群やウェルシュ菌など毒素産生性の日和見病原菌～後に詳述）の異常増殖を抑えたり、一方では腸管粘膜上皮のタイトジャンク

一口メモ

ミリモルは、一定体積の溶液中に溶けている物質の濃度を表す単位。酢酸のモル質量は60g/molですので、50mMの酢酸の濃度は、60×0.05g/L＝3g/L=0.3%となります

MACs

腸内フローラの多様性を高めるために、食物繊維（複合炭水化物）を多く食べる

↕

でんぷん質の多い食品や炭酸飲料などに入っている単純炭水化物（ブドウ糖や果糖など）の過度の摂取からの脱却

↓

小腸で未消化の複合炭水化物が大腸の嫌気性菌群により消化されて、有機酸が産生される

出所：ジャスティン・ソネンバーグ、エリカ・ソネンバーグ「腸科学」早川書房、東京（2016）より抜粋、改変して引用

腸内微生物による難消化性糖類の分解と短鎖脂肪酸の産生

難消化性の食物繊維、レジスタントスターチ、オリゴ糖

↓

ブドウ糖

↓

ピルビン酸、ギ酸、コハク酸、乳酸など

↓ → 水素、炭酸ガス、メタンなど

酢酸、プロピオン酸、酪酸

ションと呼ばれる腸管上皮バリアーの統合性を維持したりするような、重要な機能を発揮しています。

ソネンバーグ博士は、この概念を学術論文のみでなく、一般向けの書籍「腸科学（The good gut）」でも紹介しています[43]。私は最初にＭＡＣｓの概念を目にしたとき、「あのAmerican breakfast（野菜が少ない）を常食とする米国人が、このような示唆に富む概念を提唱するとは…」と衝撃を受けたものです。

他方で、日本食には質・量とも実に豊富な食物繊維が含まれています。「日本人の食事摂取基準」における食物繊維の一日の目標摂取量は、成人男性では20〜21ｇ以上、女性で17〜18ｇ以上と記載されています[44]。また、食物繊維の摂取不足と生活習慣病や死亡率との関連が指摘されていることから、食物繊維の理想的な目標量は成人では24ｇ／日以上と考えられる、とも記載されています。

それにもかかわらず厚労省の調査結果では、男女（1歳以上）ともに食物繊維摂取量は基準を下回っています（男性：14・7ｇ／日、女性：14・1ｇ／日）[45]。現在、さまざまな食材からバランス良く食物繊維を摂取することは可能なため、意識して食物繊維摂取量を増やすべきと考えられます。また海外で、たとえば米国の食事ガイドラインでも、食物繊維を含む食事の重要性について示唆されています[46]。

私は最近、主食の穀物のうち「もち性大麦（もち麦）」に着目しています。もち麦とは、「もち性遺伝子型を有する大麦」と定義されていますが、でんぷん中のアミロースを欠くか、うるち性と比較してアミロースが著しく減少しています。もち麦では、アミロースを合成する酵素であるＧＢＳＳＩ（顆粒性でんぷん合成酵素Ｗａｘｙタンパク質）の遺伝子領域に変異が起きることで、アミロースを合成することができず、結果的にアミロペクチンだけを含むもち性となります。この遺伝子領域の変異の有無により、うるち性品種ともち性品種とに区別されています。

もち麦のカロリーは、うるち性の大麦とそれほど差はありませんが、食物繊維含量は圧倒的に高い特徴があります。水溶性食物繊維であるβグルカンには、食後血糖値の上昇抑制、満腹感の維持などの保健作用が認められています[47]。

腸内で産生される主な有機酸

有機酸の種類	分子式	特徴
酢酸	$C_2H_4O_2$	腸内有機酸のうち最高の濃度で存在する
プロピオン酸	$C_3H_6O_2$	プロピオン酸生産菌はビタミンB_{12}を生産する主要な菌
酪酸	$C_4H_8O_2$	ギンナンや足の悪臭の原因 制御性T細胞の誘導
乳酸	$C_3H_6O_3$	乳酸菌の主要生産物
コハク酸	$C_4H_6O_4$	貝類に含まれるうま味物質
n吉草酸	$C_5H_{10}O_2$	ヨーロッパ産のハーブ・セイヨウカノコソウ(吉草、学名 Valeriana officinalis L.)から最初に発見された
iso吉草酸	$C_5H_{10}O_2$	足の裏の臭いの原因
ギ酸	CH_2O_2	炭素源の少ない環境で、酢酸とともに産生されるが通常、腸内濃度は低い

腸内の主な短鎖脂肪酸の働き

有機酸	分子式	主な働き
酢酸	$C_2H_4O_2$	○腸管から吸収され、門脈経由でさまざまな組織に到達して代謝される ○大腸のpHを下げる→胆汁酸塩の溶解度↓、ミネラル吸収↑ ○アンモニア吸収↓、日和見病原菌の増殖阻害、抗炎症作用、大腸血流と酸素吸収↑ ○酪酸産生の基質となる (その他) ○肝臓におけるコレステロールおよび脂肪酸合成の基質となる ○筋や脳におけるエネルギー源となる
プロピオン酸	$C_3H_6O_2$	○腸管から吸収され、門脈経由で肝臓に取り込まれる ○大腸粘膜上皮の主なエネルギー源 ○大腸のpHを下げる→胆汁酸塩の溶解度↓、ミネラル吸収↑、アンモニア吸収↓ ○日和見病原菌の増殖阻害、抗炎症作用 ○大腸がん細胞の増殖阻害およびアポトーシスの誘導 ○免疫システムとの関わり (その他) ○血中コレステロールレベル↓、脂質合成↓、インシュリン感受性↑、満腹感↑
酪酸	$C_4H_8O_2$	○主に大腸上皮細胞に取り込まれ、門脈を経て全身に循環する量はわずかである ○大腸上皮細胞のエネルギー源 ○大腸のpHを下げる→胆汁酸塩の溶解度↓、ミネラル吸収↑、アンモニア吸収↓ ○日和見病原菌の増殖阻害、抗炎症作用、健常な大腸上皮細胞の増殖促進 ○大腸がん細胞の増殖阻害およびアポトーシスの誘導 ○大腸上皮細胞の遺伝子発現に影響を与える ○大腸がんや大腸炎の予防作用、免疫システムとの関わり ○腸管バリアの促進、ムチン、抗菌ペプチド、tight-junctionタンパクの合成促進 ○水やナトリウムの吸収↑、酸化ストレス↓、満腹感↑

19 オリゴ糖、プレバイオティクス、レジスタントスターチは腸内フローラの強力な援軍

プレバイオティクス（prebiotics）とは、腸内で有益な作用をもたらすビフィズス菌のような微生物の増殖（活性）を特異的に促進することで生体に有用な働きを発揮する、難消化性の食物成分を指す一般名称です。現在では、ビフィズス菌の増殖や機能を促進するオリゴ糖類がその代表として挙げられます。

オリゴ糖とは、ブドウ糖や果糖などの単糖が数個（2〜10個）結合したもので、さまざまな食物に含まれます。「オリゴ」はギリシャ語が語源で「少ない」を意味するそうで、英語では〝oligosaccharides〟です。結合している単糖の数が多くなると、多糖類と呼ばれます（ちなみにこちらは英語で〝polysaccharides〟）。

食物繊維は難消化性の多糖類です。オリゴ糖には、構成糖やその結合で多くの種類があります。生理活性として、特に腸内フローラのビフィズス菌の栄養となり、これを増やす作用があることが確認されています。同じオリゴ糖でも、乳糖は消化酵素で消化され吸収されてエネルギー源となりますが、難消化性のオリゴ糖は未消化のまま大腸に到達して主にビフィズス菌の餌になります。ちなみに、オリゴ糖はもちろん食品から摂取できますが、一方でこれらを含むサプリメントや特保食品として摂取することも可能です。育児用粉ミルクにはガラクトオリゴ糖やフラクトオリゴ糖が添加されています。

天然のオリゴ糖として、最も身近なものに母乳があります。母乳には、乳糖をはじめ100種類を超えるきわめて多くのオリゴ糖が含まれていることがわかっています。種類に応じて、構成糖の種類や数、互いの結合様式が異なるのです。したがって、母乳（あるい

主なオリゴ糖とこれを含む食品

オリゴ糖の種類	構造	食品
ガラクトオリゴ糖	ショ糖ー（ガラクトース)n	母乳
フラクトオリゴ糖	ショ糖ー（果糖)n	たまねぎ、にんにく、バナナなど
ビートオリゴ糖	ラフィノース	甜菜やサトウダイコン
乳果オリゴ糖	ラクトスクロース	ヨーグルト
キシロオリゴ糖	キシランの酵素分解物	たけのこ、とうもろこし
大豆オリゴ糖	スタキオース、ラフィノース	大豆製品、豆類
イソマルトオリゴ糖	$C_5H_{10}O_2$	はちみつ、みそ、しょうゆなど

レジスタントスターチの分類

RSのタイプ	説明	含まれている食品
RS-1	でんぷん分子が細胞壁やタンパク分子などに覆われているため消化酵素が働けない	全粒粉、豆類など
RS-2	でんぷん分子が結晶構造となっているため、消化酵素に耐性である	未熟なバナナ、加熱の不十分なジャガイモ
RS-3	老化でんぷん	調理された米やパスタなどが冷却したもの
RS-4	化学的に修飾されたでんぷん	リン酸架橋でんぷんなど

はオリゴ糖を含む育児用ミルク）を飲む赤ちゃんは、これに含まれるオリゴ糖を消化可能な単糖まで分解してくれる腸内細菌が必要となります。

特にビフィズス菌がオリゴ糖の利用能に長けている理由は、菌体内に取り込むための装置（ＡＢＣトランスポーター）、および菌体内に取り込んだオリゴ糖を単糖まで分解するための消化酵素の両方を備えていることが示されています[48]。さらにビフィズス菌によるオリゴ糖の利用能は、オリゴ糖の種類別に異なり、菌種や菌株のレベルで多様なことがわかってきました。

レジスタントスターチ（resistant starch：ＲＳ）とは、「健康なヒトの小腸内で消化吸収されないでんぷんおよびでんぷん分解物」と解釈され、簡単には「難消化でんぷん」と呼ばれています。ヒトの大腸に存在する炭水化物のうち最も高い比率で存在することから、その役割に注目が集まっています。

ＲＳはその由来や生成過程の違いから、ＲＳ１～４の４種類に分類されています。ＲＳには便通改善効果や大腸がんリスクの低減、ビフィズス菌などの腸内有用菌の増殖作用、脂質代謝改善作用、満腹感の向上による肥満改善などを示唆する結果が報告されています。

最近では、公益財団法人日本健康・栄養食品協会は、ＲＳ２の一種であるハイアミロースコーンスターチについて、①食後血糖値上昇の抑制、②空腹時血糖値の維持、③短鎖脂肪酸、特に酪酸の産生による腸の健康の維持・増進、の作用について「機能性について肯定的な根拠がある」と認めています[49]。さらに米国食品医薬品局（ＦＤＡ）も、同じハイアミロースコーンスターチの「Ⅱ型糖尿病のリスク軽減作用」について、これを保証する科学的証拠の制限付きで、ヘルスクレーム（保健作用の訴求）表示を認めました[50]。

一口メモ

より最近のプレバイオティクスの理解として、ISAPPのエキスパート研究者が「宿主微生物により選択的に利用された結果、宿主の健康上の利益をもたらす物質」と提言しています。プレバイオティクスの作用メカニズムについては、比較的に低分子であることや、利用できる微生物によるプレバイオティクス分子の菌体への取り込み機構やその代謝メカニズムなどが続々と明らかになっています[51]。

第3章

いろいろな疾患と腸内フローラとの関わり

20 肥満と腸内フローラの知られざる関係

厚生労働省が毎年発表している「国民健康栄養調査（平成30年度）」によると、肥満者（BMIが25kg/㎡以上）の割合は男性32・2％、女性21・9％で、この10年間では男女とも有意な増減は見られないとのことです[52]。ところで、生命科学領域で学術誌に論文掲載されることは、科学的証拠を示す上で大きな信頼を得ることにつながります。特に「Cell」「Nature」「Science」の3誌はCNS journalsと呼ばれ、世界的に最も高く評価されています。

２００６年のNature誌に掲載された肥満と腸内細菌叢に関する論文2編は、腸内フローラと健康との関わりを示す証拠として強い印象を与えました[53,54]。いずれも、ワシントン大学のジェフリー・ゴードン教授（Jeffrey Gordon）の研究グループから発表されましたが、その一つでは、肥満の遺伝素因を持つマウス（肥満マウス）とノトバイオートモデル（無菌マウスの腸管内に外から微生物を移植）という方法を用い、興味深い結果を導きました。それは、肥満遺伝素因を持たない痩せマウスの便を無菌の痩せマウスに移植して飼育しても肥満になりませんが、肥満マウスの便を無菌の痩せマウスに移植して飼育すると、体重増加が著しく肥満するというものです。

簡単に言えば、肥満マウスの場合、肥満に関与する

一口メモ

食欲を司っているレプチンというタンパク質を産生する遺伝子に異常があることで、レプチンが産生されず、食欲の制御が効かないため餌の摂取量が増えて肥満を呈するマウスは、肥満のモデル動物の一種です。

遺伝子異常が肥満を誘導すると思っていましたが、実は肥満マウスの腸内フローラが肥満の誘導に大きな役割を果たしていたと解釈できます[53)]。また、同誌のもう1編の論文では、肥満者と痩せたヒトでは腸内フローラを構成する2大最優勢嫌気性菌群（ファーミキューテス門とバクテロイデーテス門）の菌数比率に違いがあること、および肥満者が長期間のダイエットにより、菌数比率が肥満型から痩せ型に近づくことが示されました[54)]。

肥満マウスを用いた研究論文の筆頭著者であるターンバウ博士（Peter J. Turnbaugh）は、最近の「Cell Host Microbe」誌の論文で、食餌性肥満と腸内フローラに関する発表論文が急増していることを報告しました[55)]。一方で、アフリカ・マラウイのクワシオルコル（Kwashiorkor）症候群（栄養失調）にかかった小児の便を、無菌マウスに移植して貧栄養食で飼育すると体重が減少しますが、症状を呈さない小児の便を移植されたマウスを貧栄養食で飼育しても体重は減少しない、ことも報告されています[56)]。

食餌性肥満と腸内フローラに関する論文数の推移

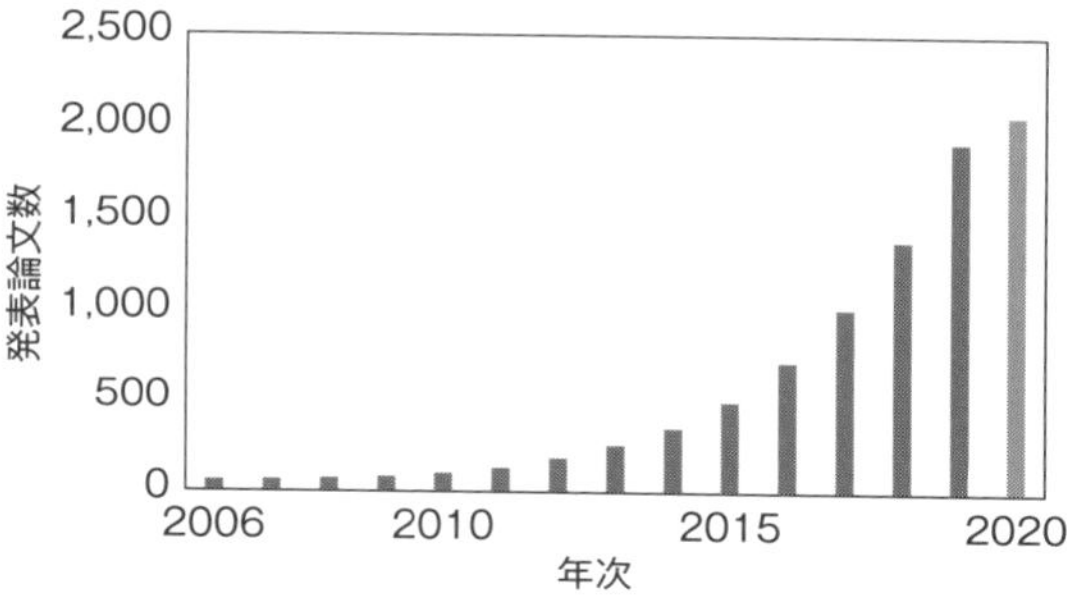

ターンバウ博士らの論文＊に記載された検索式を用いて調べた結果
2020年は３月末現在までの数字
*Turnbaugh, P.J. Cell Host Microbe,21：278-281, 2017.
（▬：2020年３月現在までのデータ）

一口メモ

「クワシオルコル」とはアフリカ・ガーナの言葉で、次の赤ちゃんを妊娠したお母さんから強制的に離乳させられた子供に起こる病気を意味するそうです。このため本来、必要である母乳由来成分で、特にタンパク質の摂取量が不足するための栄養失調とされています。

21 腸内フローラは生活習慣病にも大きく関与

腸内フローラは、さまざまな生活習慣病と関連があると言われています。たとえば、糖尿病はその代表です。糖尿病は血液中のブドウ糖濃度が慢性的に上昇する疾患で、Ⅰ型とⅡ型の2つに分けられます。世界的に増加中で、WHOの報告では1980年の糖尿病患者数は1億人余でしたが、2014年には4倍を超える4億2000万人に達し、今後もさらに増加する見込みでまさに世界的な問題となっています[57]。

糖尿病の発症や進展、治療のカギとなるのはインスリンです。インスリンは血液中のブドウ糖を細胞に取り込ませ、これをエネルギーとするための必須のホルモンです。Ⅰ型糖尿病では、インスリン自体を産生する膵臓の能力に欠陥が生じています。一方、日本人で圧倒的に多いⅡ型糖尿病は、インスリンを使用する体のシステムがうまく働かないために起こります。過食や食生活の乱れが大きな原因となる（生活習慣病と呼ばれる所以）肥満は、Ⅱ型糖尿病を誘導するリスク因子として知られています。

Ⅱ型糖尿病患者の腸内フローラを調査した数多くの報告がありますが、いずれも腸内フローラ異常を示す結果が得られています[58,59,60]。特に腸内の酪酸産生菌など嫌気性菌が減っていることは、いくつもの研究結果に共通する特徴です。酪酸は腸管の上皮細胞の互いの接着を強め、タイトジャンクションと呼ばれる体内と腸管腔を隔てるバリアとしての機能を促進しています。

ベルギーのアントワープ大学のカニ博士（Patrice D Cani）は、「代謝性内毒素血症」という興味深い学説を提唱しています[61]。すなわち、何らかの原因で腸内フローラに異常が生じ、もともと腸内において低菌数レベルで生息している大腸菌類（腸内細菌科の菌

腸内フローラの異常が栄養不良形質に影響を与える実験

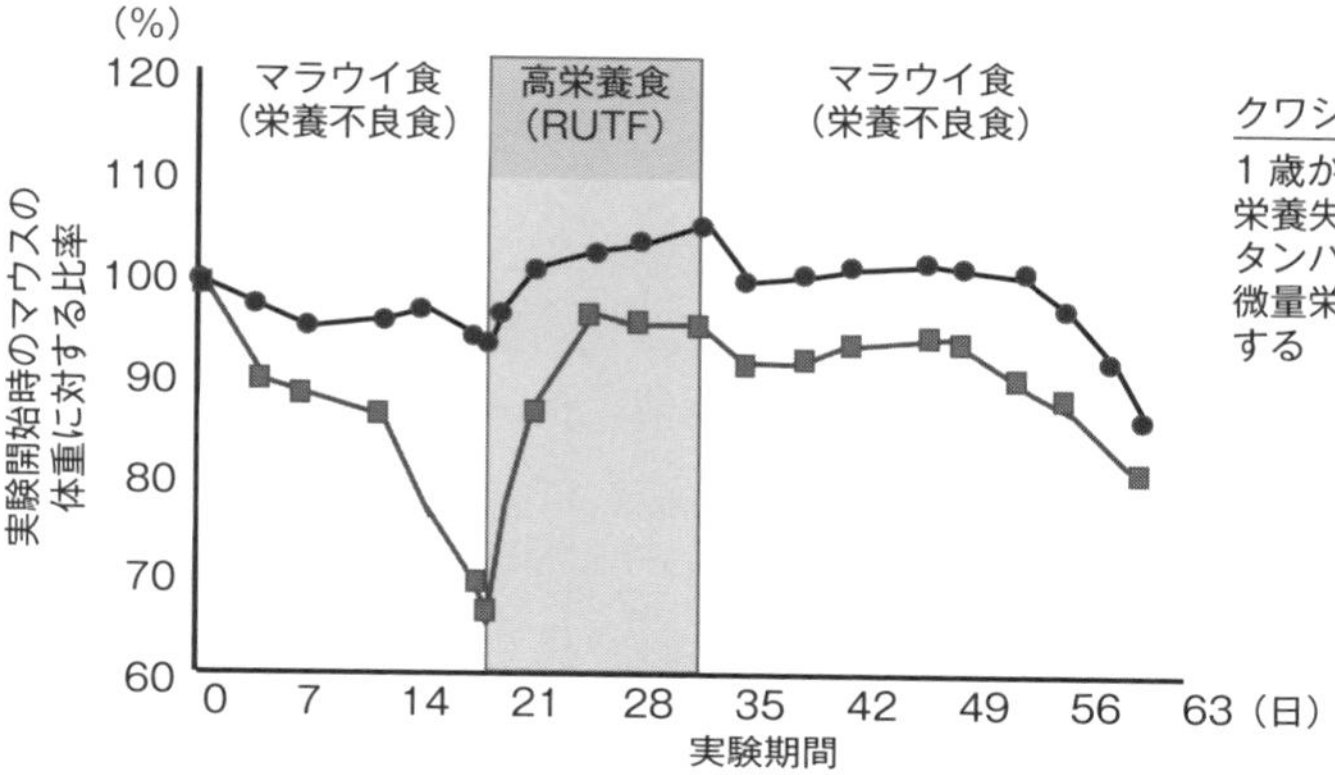

クワシオルコル症候群

1 歳から 4 歳の小児に見られる栄養失調の一種
タンパク質の欠乏、カロリー微量栄養素の不足により発症する

・クワシオルコル症候群を呈する子供の便を無菌マウスの腸内に移植して、マラウイ食（栄養不良）を与えると体重減少が認められた（ ─■─ が、高栄養食に変更することで体重の回復が認められた
・一方で、健康な状態の子供の便を移植されたGFマウスでは、マラウイ食を与えても体重減少は認められなかった（─●─）

出所：Science. 339: 548-554. 2013 より改変・引用

群）などの数が増えるとともに、本来、腸内細菌群の生体内侵襲を防いでいる腸管上皮バリアの統合性が崩れ、腸内細菌自体やその構成成分である内毒素（リポ多糖体など）が腸管内から生体内に侵入します。このような腸内細菌やその代謝産物が体に入ると、これを除去するために生体の炎症反応が惹起されるのです。

元来、腸内常在性の大腸菌類の病原性は低いのですが、微弱なレベルではあっても菌血症（血液中に細菌などの微生物が侵入すること。ちなみに本来、健常者の血液に微生物は検出されない）が慢性化することで、さまざまな疾患（肥満、糖尿病、肝障害など）の誘因

一口メモ

リポ多糖体は、グラム陰性菌の細胞壁外層の糖脂質構造のことです。細胞壁内部に脂質部分が埋め込まれ、細胞外に分子サイズの大きな多糖体が発現しています。通常の滅菌（121℃、15分）では失活しないタフな物質で、致死性ショック、発熱、補体の活性化、汎発性血管内凝固（DIC）など広範な症状を誘導します。

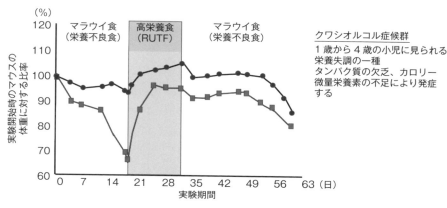

となり、病気を進行させるとの説です。こうした酪酸産生菌は、産生した酪酸を介して腸管バリア機構を強化し、腸内細菌の体内侵襲を防いでいると言えます。

私は山城雄一郎特任教授をリーダーとする順天堂大学の先生方との共同研究で、Ⅱ型糖尿病患者の便中の腸内フローラと、同院の人間ドックを受診した健常者の腸内フローラを比較したところ、従来の研究結果と同様に、嫌気性の最優勢細菌群の数がⅡ型糖尿病患者で少ないという結果を得ました[62]。さらに腸内の酢酸およびプロピオン酸の濃度が、糖尿病患者では有意に低かったのです。酢酸やプロピオン酸は、何よりもまず腸管環境を弱酸性に保つのに重要で、酪酸と同様に腸管バリア機構を強化したり、腸管における抗菌物質の産生を促進したりというように、腸管内の細菌の体内侵襲に対する防御のために役立っています。

この研究では被験者から血液も提供いただき、微生物の有無を調べました。すると、上記の結果を裏づけるかのように、糖尿病グループの28％の患者の血液に細菌が検出されました。対照群の被験者では４％からのみ菌が検出されました。

前述で健常者の血液は無菌と説明したのに、なぜ健常者の血液から菌が検出されたのか、とみなさんから反発されるかもしれません。実は菌血症が認められた健常者２人は、胃酸分泌阻害剤（proton pump inhibitor：ＰＰＩ）を服用していたことがわかりました。

この結果をもとにその後、順天堂大学消化器内科の先生方との共同研究で、ＰＰＩを服用している患者でもやはりある程度の割合で腸内細菌による菌血症が発生していることが判明したのです[63]。ただし、糖尿病患者でもＰＰＩ服用患者でも、血液中に検出された菌の種類はグラム陰性の大腸菌類ではなく、腸内常在のグラム陽性細菌でした。ということで、カニ博士の提唱されている「代謝性内毒素血症」の原因となるグラム陰性菌のみならず、腸内細菌一般が微少な数ながら体内侵襲することで、病態の進行を進める可能性が示されたのでした。

ところで、メトホルミン（商品名：メトグルコ、グリコランなど）はⅡ型糖尿病の治療薬で、肝臓での糖新生を抑制することが知られています。そのメトホルミンが腸内フローラの構成に影響する（アッカーマン

腸内フローラの疾患への関与

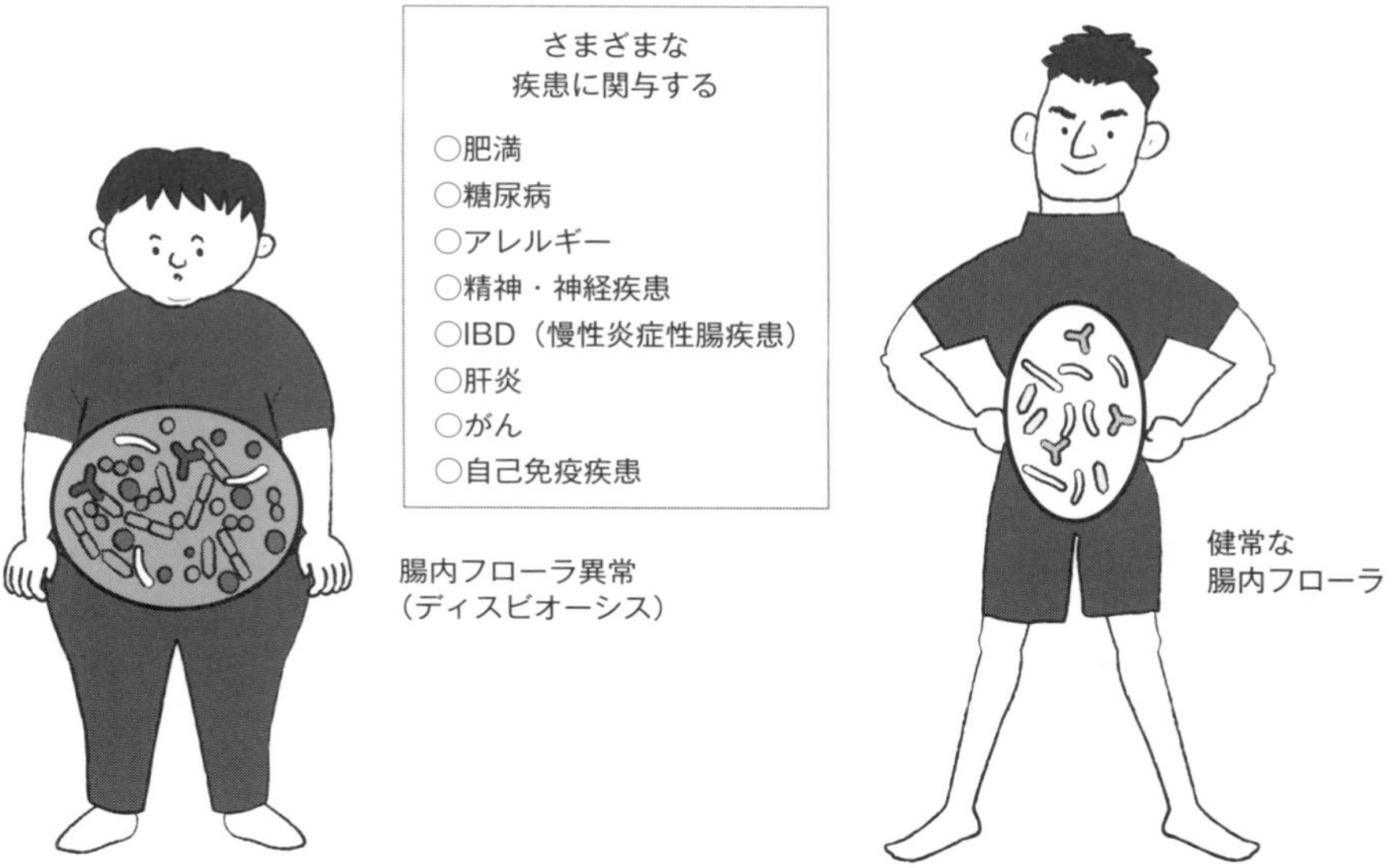

シア・ムシニフィラ：*Akkermansia muciniphila*を増やす）ことや、バクテロイデス・フラジリス（*Bacteroides fragilis*）という菌のレベルを下げ、その代謝（特殊な胆汁酸の産生を促進する）を介して糖新生を抑制する結果も報告されています[64]。また、α-グルコシダーゼ阻害薬（商品名：グルコバイ、ベイスンなど）は糖の分解を防ぐ作用を発揮しますが、その結果、分解されずに大腸まで到達した食物由来のオリゴ糖類がプレバイオティクス的な作用を発揮することが示唆されています[65]。

22 腸の病気を誘発する腸内フローラ異常

2016年度の国民生活基礎調査報告によると、日本の成人で便秘の有訴者率は2～5％程度で、男性（2・5％）よりも女性（4・6％）が多い傾向があります。加齢により有病率は増加し、若年層では女性に多く、高齢になるにつれて男性の比率が増え、80歳以上では男女比はほぼ同程度となります[66)]。

順天堂大学の大草敏史特任教授らによる機能性便秘と腸内フローラに関する学術文献調査結果の結果では、機能性便秘と明確に関連する腸内フローラの異常は認められなかったとされています[67)]。しかし、便秘症の患者の便を準無菌化マウス（複数の抗生剤を投与して腸内細菌を死滅させた）に移植すると、排便頻度と排便量の減少や腸管運動の低下が認められ、さらにマウス腸内の有機酸や胆汁酸の濃度も低下することが報告されました。便秘状態では、腸内フローラの菌叢構成に明確な異常はなくても、構成細菌の代謝機能が異常となる可能性が示されています。

過敏性腸症候群（Irritable bowel syndrome：ＩＢＳ）は世界的に増え、平均発症率は10％を超えています。ＩＢＳの診断基準は、「最近3カ月中の1カ月で3日以上の腹痛か腹部不快感があることと、症状が①排便で収まる、②排便頻度の変化により始まる、③便形状（外観）の変化により始まる、のうち2つを満たすこと」とされています[68)]。ＩＢＳの病因は明らかでないですが、腸管の透過性や免疫系、腸内フローラ、脳・腸相関など多くの因子が関与するようです。

ある種の抗生物質がＩＢＳ症状を改善することから、病因としての腸内フローラの関与は否定できません。ＩＢＳにおける腸内フローラ異常として、腸内フローラ全体の多様性の低下、大腸菌を含むプロテオバクテ

IBD患者への便微生物移植の方法

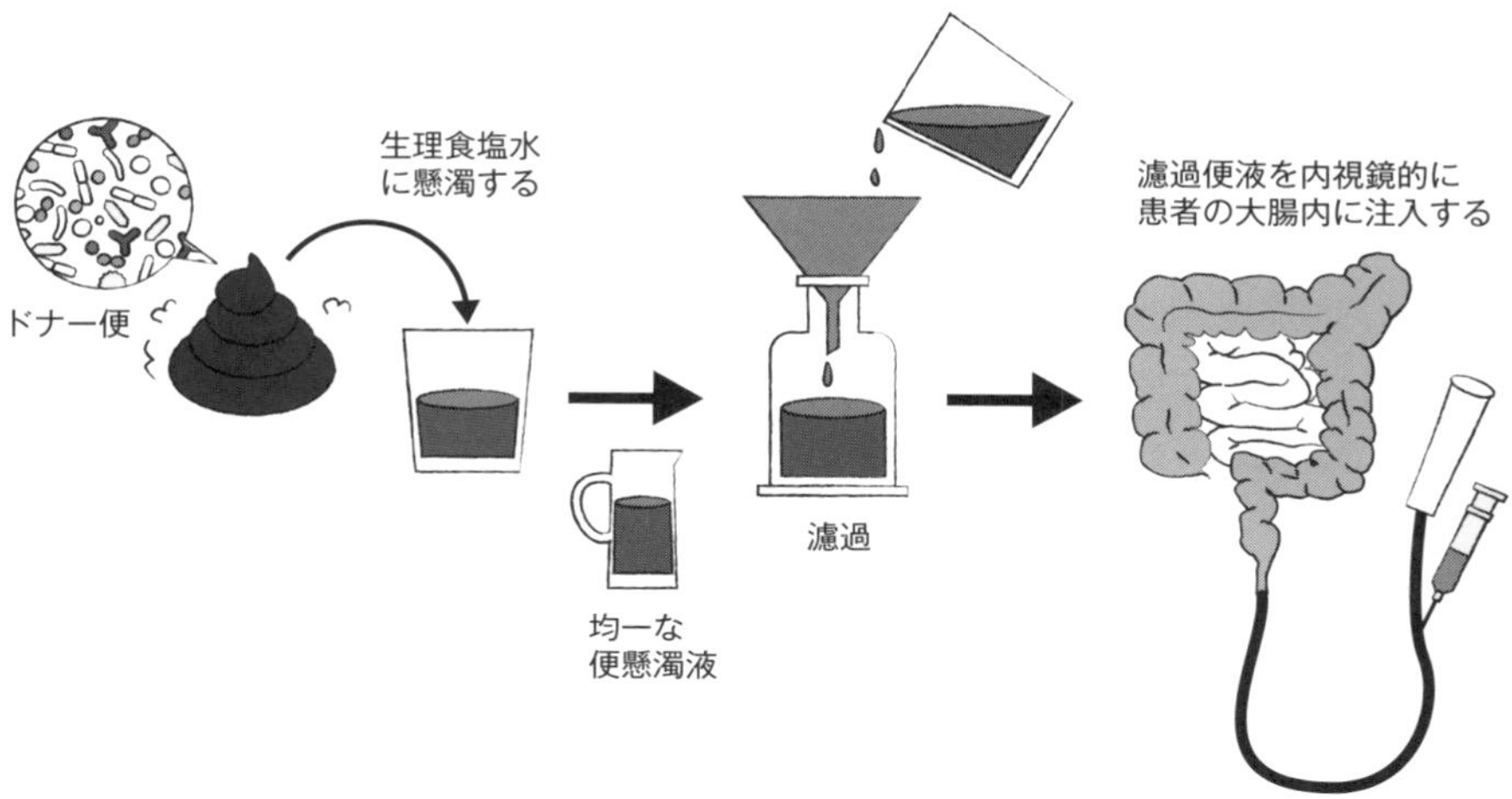

出所：Way J.W. et al, J Formosan Med Assoc, 118: S23 - S31, 2019 より改変・引用

リアの増加、ビフィズス菌やフィーカリバクテリウム・プラウスニッツィ（*Faecalibacterium prausnitzii*）属など酪酸産生菌の減少などが示されています[69]。

ＩＢＳは、便の形状と頻度で「便秘型」「下痢型」「混合型」「分類不能型」の４つに分けられます。上述の大草特任教授の調査結果では、健常対照者に比べて便秘型のＩＢＳ患者は便中のビフィズス菌数が少なく、腸管粘液中のバクテロイデーテス門の菌数が多かったと報告されています。ＩＢＳと思い当たる症状が続くときは、内科を受診されることをお勧めします。

食事のケアは最も肝心で、最近、低フォドマップ食餌療法のＩＢＳに対する有効性が注目されています。フォドマップとは、小腸内で消化・吸収されにくい糖類（Fermentable：発酵性、Oligosaccharides：オリゴ糖、Disaccharides：二糖類、Monosaccharides：単糖類、Polyols：ポリオール）の各頭文字をとったものです。これらの糖類は小腸で消化されにくく、大腸に運ばれて発酵の基材となります。

ということで健常者には良好な作用を及ぼすと考えられますが、ＩＢＳ患者については、発酵で産生されたものから生じたガスが膨満感や鼓腸、浸透圧差による水分の貯留の亢進などで、むしろ症状の悪化をもたらす可能性があります。低フォドマップ療法の有効性に関するヒトの臨床試験がいくつも実施されており、これをまとめて統計解析したメタアナリシスの結果、その有効性が示されています[70]。

ＩＢＳと同様に、炎症性腸疾患（Inflammatory bowel diseases：ＩＢＤ）も近年、急増しています[71]。これも明確な原因は定かでありませんが、腸内フローラの異常が自己免疫的な異常を助長することで発症する可能性が指摘されています。すなわち、活動期の潰瘍性大腸炎やクローン病の患者では、寛解期に比べて腸内最優勢嫌気性菌群であるクロストリジウム・レプタム（*Clostridium leptum*：Ｃ・レプタム）やＣ・コッコイデス、ビフィドバクテリウム（*Bifidobacterium*）属およびＦ・プラウスニッツィが減少しています。活動期のクローン病やＩＢＤの一つである潰瘍性大腸炎（ＵＣ）患者を対象とする便微生物移植により、症状の改善が認められたと報告されました[72]。

順天堂大学消化器内科の石川大准教授らのグループは、あらかじめ抗菌剤を服用してコロナイゼーションレジスタンス（ＣＲ）を下げたＵＣ患者に、健常成人の新鮮便を移植することで患者の腸内フローラ異常が改善したことを報告しています[73]。現在では、ＦＭＴで有効な働きを発揮する菌群の特定に至ってはいませんが、近い将来、特徴的な菌種や菌群をカクテルとして用いる方法が確立されることが期待されます。

私は聖路加国際病院・消化器・一般外科の大東誠司医師らとの共同研究で、大腸がん患者の腸内フローラを調べました。比較対照の同年代の人間ドック受診者と比べて、腸内最優勢の嫌気性菌群の数が少ない、腸内有機酸濃度が低い、という腸内フローラの異常を示す結果が得られました[74]。さらに大腸がんの進行度とは無関係に、早期の大腸がん患者でも腸内フローラ異常が認められたこと、特に便のｐＨが早期からアルカリ性に偏っていたことは、便のｐＨを簡便に測る方法が確立できれば大腸がん予防や早期発見の診断の補助になる可能性があり、貴重な情報と考えます。

消化管内の微生物ががんの発症に関与する例としては、ヘリコバクター・ピロリによる胃がんがよく知られています。また大腸の常在細菌についても、がんの発症や進展、抑制に関する報告が蓄積しています。

たとえば、胆汁は肝臓で産生され胆嚢に蓄えられ、脂質などの食物の摂取が刺激となって十二指腸に分泌されます。胆汁の主成分である胆汁酸は、界面活性作用により脂質を乳化して消化に役立っています。胆嚢から腸内に分泌された一次胆汁酸は、腸内の限られた種類の嫌気性細菌により酵素的にデオキシコール酸（DCA）などの二次胆汁酸に変換されますが、高脂肪食の摂取により二次胆汁酸への代謝が促進されます。

胆汁酸は、腸肝循環という仕組みで腸から吸収されて肝臓に戻ります。そのため、結果的に過剰に産生されたDCAは大腸粘膜細胞や肝臓の実質細胞に障害を与え、大腸がんや肝臓がんの発症を促進することが知られています[75]。

また口腔常在細菌であり、歯周病の起因菌であるフソバクテリウム・ヌクレアタム（*Fusobacterium nucleatum*：F・ヌクレアタム）は、大腸がんや食道がん組織周囲に局在することを示す報告があり、周辺組織の炎症の惹起や免疫抑制でがんの発症や進展に寄与すると言われています[76,77]。さらに、便中のF・ヌクレアタムと腸内最優勢嫌気性細菌であるフィーカリバクテリウム・プラウスニッツィの各菌数レベルを調べた結果、双方は共排除関係にあるとのことです。

日本の慢性炎症性腸疾患患者数の推移

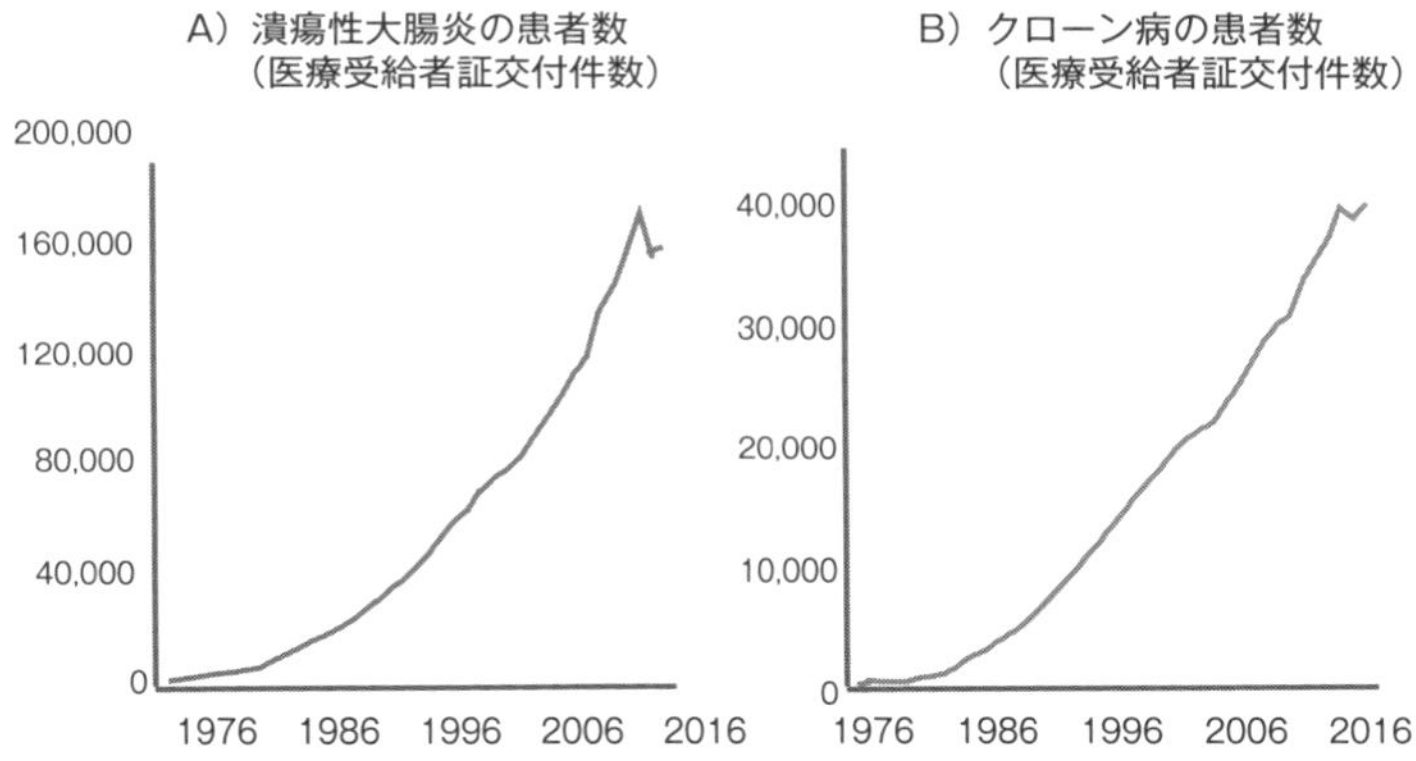

出所：https://www.nanbyou.or.jp/entry/62 および https://www.nanbyou.or.jp/entry/81 より抜粋、改変・引用

23 アレルギーなど免疫疾患も引き起こす

1950年以降、今世紀に至る感染症（結核症、はしか、おたふく風邪など）の発症率とさまざまな免疫疾患（ぜんそく、I型糖尿病、多発性硬化症、クローン病など）の発症率の推移は逆相関する、という興味深い結果が報告されました[78)]。この結果により、感染症に対する免疫が十分に成立しなければ、相対的にアレルギーや自己免疫の免疫システムが促進されることが考えられています。この考え方の基礎として、1989年に英国の疫学者であるデビッド・ストラチャン博士（David P.Strachan）は「衛生仮説」を提唱しました[79)]。

ストラチャン博士らは、1万人を超える英国の小児を対象とする疫学調査（1～23歳時）から、アレルギー疾患の有病率と家族内の子供の数との関係を調べました。そして、11～23歳時における花粉症の有病率（調査時に至る1年間）は、その児の家族における子供の数、特に年長児の数と有意な負の相関関係を持つことを見出したのです。結論として、家族構成員数の減少による家庭内交叉感染の機会減、家庭内環境の衛生化などが、花粉症をはじめとするアレルギー疾患の増加と関与していることを推察しました。

「衛生仮説」に続けて近年、提唱されている「旧友仮説」や「microflora仮説」では、幼少時に寄生虫感染や腸内微生物などの抗原に曝されてきた程度が、その後の感染症に対する免疫やアレルギーなどに対する抵抗性の強弱に影響することを示唆しています[80)]。「microflora仮説」を支持する証拠として、たとえば関節リウマチにおけるプレボテラ・コプリ（*Prevotella copri*）の増加や、全身性エリテマトーデス（自己免疫システムが自身の正常細胞を誤って攻撃してしま

感染症の発症率とさまざまな免疫疾患の発症率の年次推移

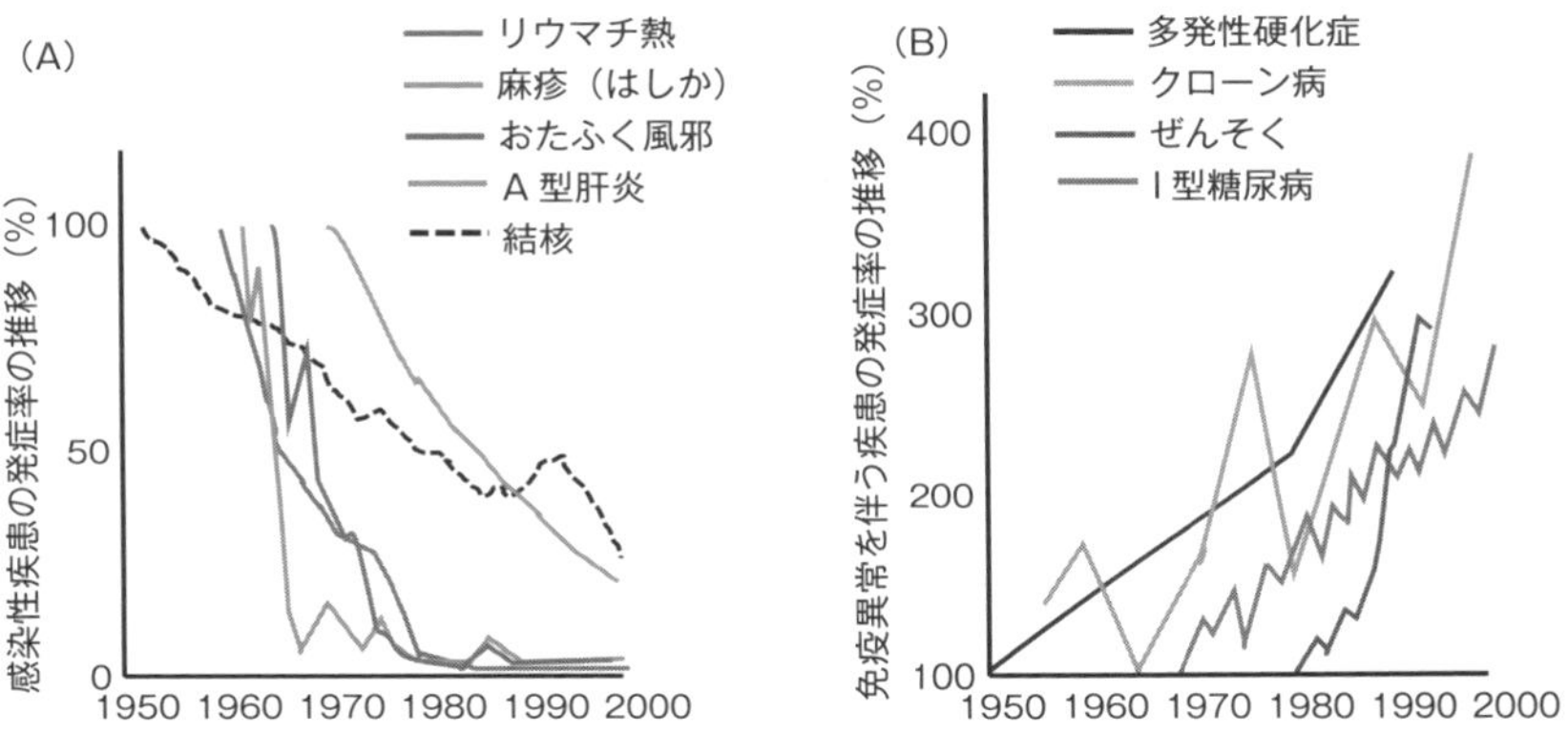

感染症の発症率（A）とさまざまな免疫疾患の発症率（B）の推移は逆相関する。すなわち、感染症の減少が異常な免疫反応を誘導する

出所：Bach JF. The effect of infections on susceptibility to autoimmune and allergic diseases. N EnglJ Med. 2002;347（12）: 911-920. より改変・引用

腸内フローラ仮説

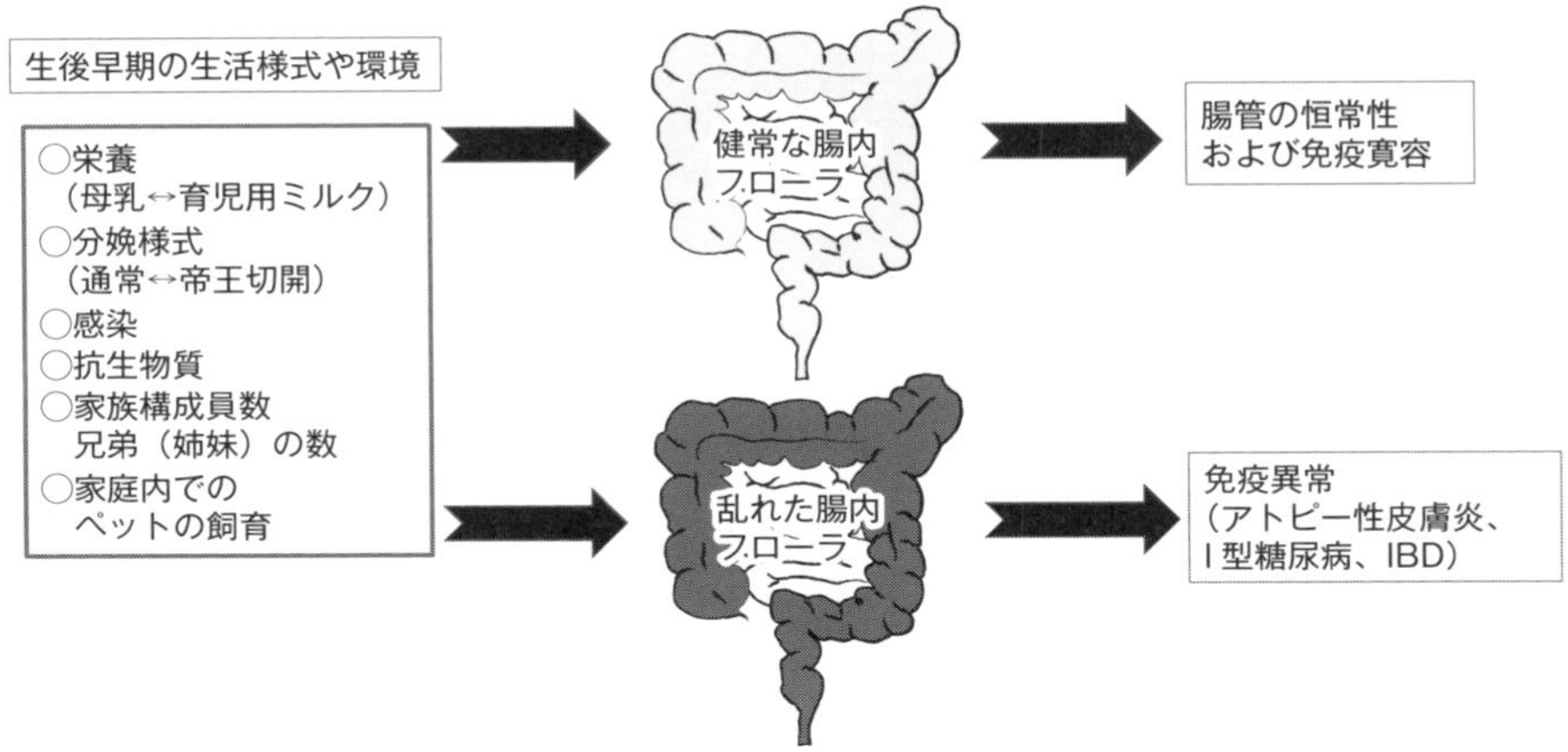

出所：ImmunoTargets and Therapy 2015:4 143-157 より改変・引用

う疾患）におけるファーミキューテス門／バクテロイデーテス門の菌数比（Ｆ／Ｂ比）の減少、Ⅰ型糖尿病におけるＦ／Ｂ比、およびフィーカリバクテリウム・プラウスニッツィ（*Faecalibacterium prausnitzii*）の減少など、さまざまな自己免疫疾患やアレルギー疾患に付随する特徴的な腸内フローラ異常が報告されています。

さまざまな免疫疾患に対する私たちの免疫系において、多様な免疫細胞が独特の役割を果たしています。その中でも、ヘルパーＴ細胞は免疫反応を方向づける司令塔です。

免疫反応は、免疫細胞自体が働く細胞性免疫と、抗体が主役となる体液性免疫とに二分され、それぞれの反応の強さはヘルパーＴ細胞によって天秤のように方向づけされています。Ⅰ型ヘルパーＴ細胞（Ｔｈ１）は細胞性免疫を活性化し、相対的に体液反応を弱めるように働きます。逆に、Ⅱ型ヘルパーＴ細胞（Ｔｈ２）は体液性免疫反応を促進し、細胞性免疫を弱めるという具合です。

不衛生な環境で微生物の抗原（エンドトキシンなど）が吸入されたり食物に伴って腸内に入ったりすると、気道や腸管の粘膜上皮を介し、それぞれの粘膜上皮下（粘膜固有層と呼ぶ）に配備されている樹状細胞（貪食作用を有するアメーバ状の細胞）がこれを取り込み、ヘルパーＴ細胞に刺激を伝えます。すると、細胞性免疫を誘導するＴｈ１細胞が活性化されて細胞性免疫反応が強化され、相対的にアレルギー反応は沈静化することになります。逆に、衛生的な環境では本来の細胞性免疫の誘導刺激が弱く、そのためアレルギーなどＴｈ２細胞を介する体液性免疫が相対的に強化されることになるわけです。

幼少期にはＴ細胞の多くが未熟な状態で、曝される環境によって分化が細胞性免疫反応に傾くか、体液性反応に傾くか、大きく左右されることになります。「腸内フローラ仮説」では、出生から生後早期のさまざまな要因が腸内フローラの異常をもたらし、アレルギーや自己免疫疾患の誘導や進行に関与する、と説かれています。

衛生仮説と腸内フローラ

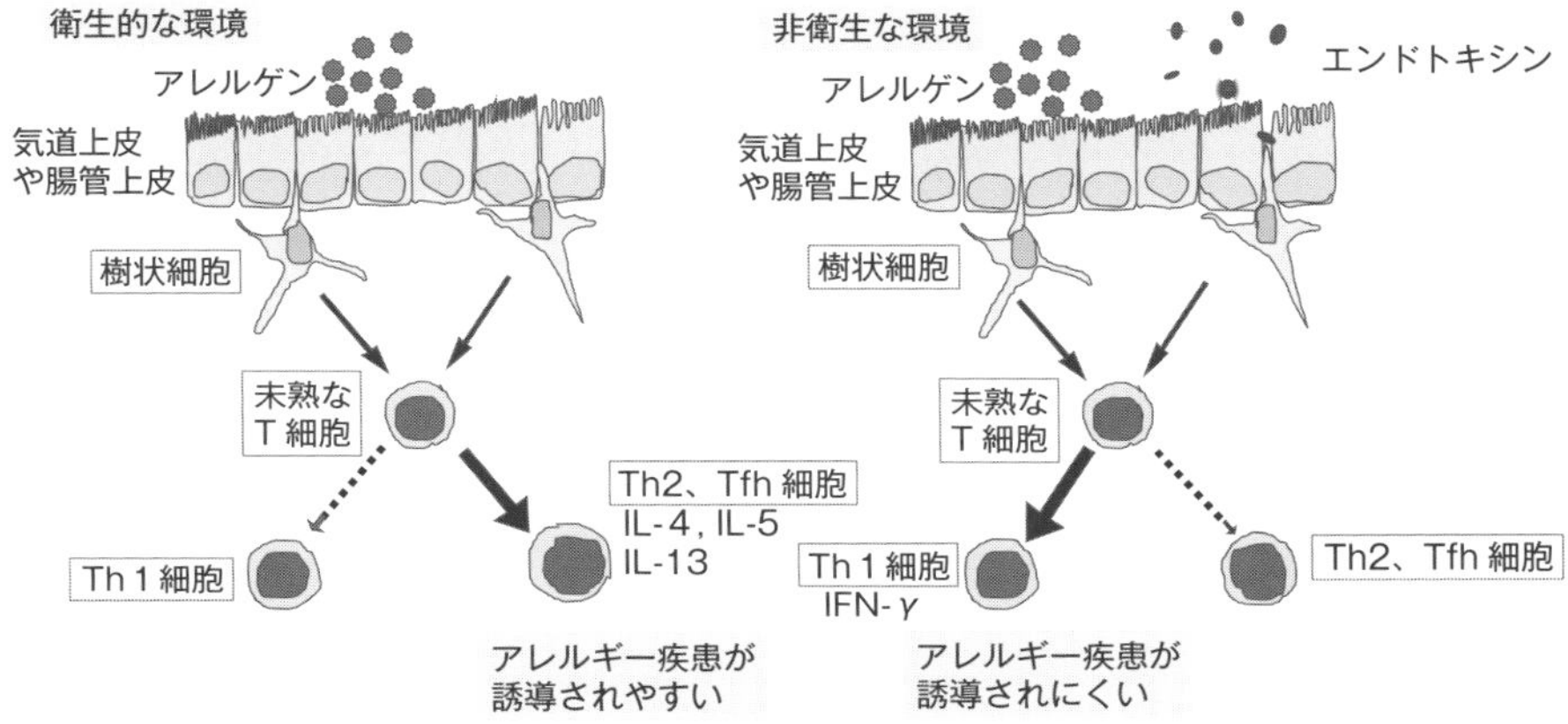

出所：免疫ペディアより改変・引用

被験児に飲料を配布するスタッフ（飲用試験の様子）

24 腸内フローラが及ぼす脳への影響

「脳腸相関」とは、脳と腸との双方向的な（神経系やホルモンなどを介する）情報伝達を意味する概念です。現在ではこれに、腸内細菌も含めた「脳ー腸ー腸内細菌相関」の考え方も紹介されています[81]。

九州大学の須藤信行教授らは、無菌マウスと特定の細菌のみを移植したノトバイオートマウス、通常の腸内フローラを持つマウスを用い、腸内細菌叢が「視床下部ー下垂体ー軸（hypothalamic-pituitary-adrenocortical axis：ＨＰＡ ａｘｉｓ）」を介するストレス応答性や行動特性に有意な影響を与えることを示しました。

私は須藤教授のグループとの共同研究で、拒食症患者に特徴的な腸内フローラ異常（dysbiosis：ディスビオーシス）を明らかにしました[82]。具体的には、自閉症や統合失調症、注意欠陥・多動性障害、大うつ病、拒食症、パーキンソン病、アルツハイマー病など多くの精神・神経疾患において、腸内フローラの異常が報告されています[83]。

腸内微生物の作用として、①自らが神経伝達物質（セロトニン、ノルアドレナリン、γアミノ酪酸（gamma-aminobutyric acid：ＧＡＢＡ）などを産生する、②腸内細菌がこれらの神経伝達物質に対する宿主の受容体を刺激する、③神経伝達物質を産生する宿主細胞を直接に活性化する、ことが知られています。腸内フローラ異常は、これらの腸内微生物の作用にも異常をもたらすものです。

また、本章第21項で紹介した代謝性内毒素血症は、精神・神経系の疾患（たとえばパーキンソン病や脳梗塞など）においても、疾患の発症や進行に悪影響を及ぼしていることが示唆されています[84,85]。

腸内フローラを介する脳への刺激伝達

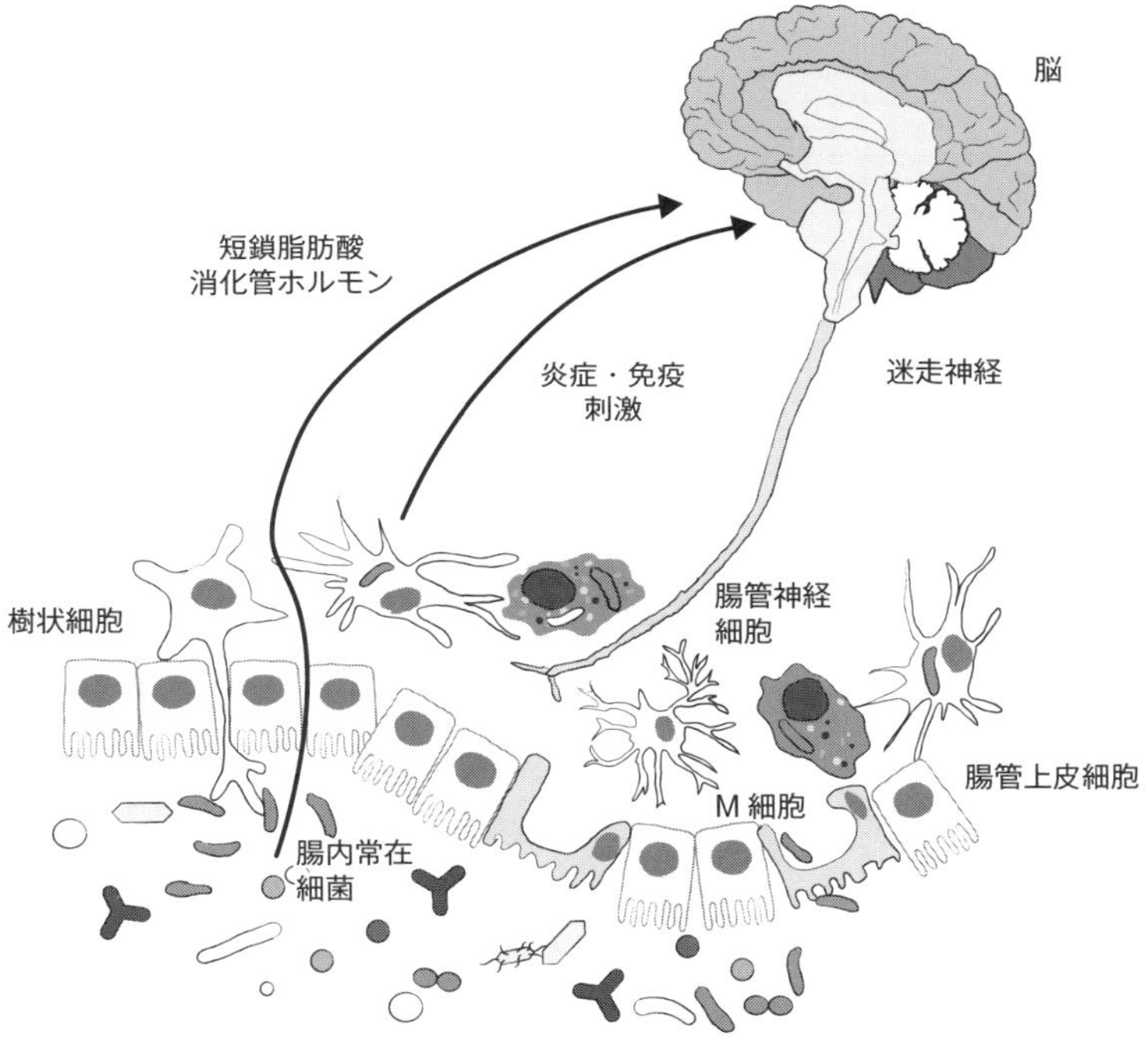

○腸内細菌自身による神経伝達物質の産生
○短鎖脂肪酸などの代謝産物
○腸管上皮細胞の産生するホルモン
○腸内細菌の刺激を受けた免疫細胞によるサイトカイン

などさまざまな刺激が脳に伝えられる

Column

生体防御論という考え方

私は、九州大学の野本亀久雄名誉教授から生体防御学に関するコンセプトを学びました。これは、すなわち異物に対する生体防御において、

①連続的バリアー：異物の生体内侵入後、経時的に異なった防御因子が働くことにより、効率の良い異物排除が起こる

②比重論的位置づけ：病原体の病原性の違いにより生体防御に働く防御因子の比重が異なる

③場選択性：場に応じた適切な生体防御因子の働きが肝要である

という概念です[86)]。私たちの身体の内部を覗くと、わずか1層の腸管上皮細胞で腸管腔と隔てられており、腸内フローラは外界からの異物侵入に対する初期防御をする意味で重要な役割を果たしています。

私の研究テーマである乳酸菌について、「乳酸菌による生体防御の方向づけ」を基盤とした考え方で研究を進めるべく、野本先生より指導を受けました。すなわち、連続的バリアーの位置づけとして、乳酸菌が自然免疫（主にマクロファージ）を介して生体防御能を促進すること、および腸内常在細菌や経口的に摂取された乳酸菌が腸管という局所から全身的な作用を発揮すること（場の選択性）、という考え方です。

現在も、野本名誉教授の生体防御論に沿った研究テーマで、研究室の学生さんたちと切磋琢磨しています。

第4章

プロバイオティクスは腸内環境を改善するミカタ

25 プロバイオティクスは何をしてくれるの？

プロバイオティクスは現在、「私たちの健康に良い働きをしてくれる乳酸菌やビフィズス菌など」として世界で広く認知されています。プロバイオティクスの概念は、メチニコフ博士（Elie Metschnikoff：1845〜1916）に遡ることができます。彼はもともとロシア出身で大学教員でしたが、後年、パリのパスツール研究所に移って研究を行いました。1908年に「細胞性免疫の発見」でノーベル生理学・医学賞を受賞しています[87]。

晩年のメチニコフ博士は、大腸に生息する腸内細菌が腸内の腐敗をもたらす「腸内細菌有害説」を唱えました。そして、乳酸菌（当時はブルガリア菌）の乳酸発酵に基づく腸内防腐作用に考え方を進め、乳酸発酵産物としてヨーグルトの摂取を奨励したのです[88]。

日本では代田稔博士が1930年代に、自ら分離した乳酸菌ラクトバチルス・カゼイ（*Lactobacillus casei*：シロタ株）を純培養し、安価な乳飲料として社会に提供することを始めました[89]。これらの開祖とも言うべき先駆者の哲学をもとに、現在では世界中にプロバイオティクスの考え方が広まっています。

ところで、プロバイオティクスという言葉が一般的に使われ出したのは1990年頃からです。学術的に

一口メモ

メチニコフ博士は、海綿やヒトデの幼生に微生物を貪食する遊走細胞を発見しました。現在、これらの自然免疫細胞は、大食細胞や好中球として私たちの生体防御において重要な役割を担うことが認識されています。メチニコフ博士の発見は、貪食細胞による生体防御の考え方の先駆けとして重要です。

乳酸菌やビフィズス菌によるブドウ糖の発酵

◎　ホモ型乳酸発酵
$C_6H_{12}O_6 \rightarrow 2CH_3CHOHCOOH$（乳酸）

◎　ヘテロ型乳酸発酵
$C_6H_{12}O_6 \rightarrow 2CH_3CHOHCOOH$（乳酸）
$+ C_2H_5OH$（アルコール）$+ CO_2$

◎　ヘテロ型乳酸発酵（ビフィズス菌）
$2C_6H_{12}O_6 \rightarrow 2CH_3CHOHCOOH$（乳酸）
$+ 3CH_3COOH$（酢酸）

プロバイオティクス、プレバイオティクス、シンバイオティクスの定義

	定義	効果因子
プロバイオティクス	十分な量を摂取することにより宿主の健康に有益な作用をもたらす生きた微生物 (Hill C, et al, 2005)	乳酸菌やビフィズス菌など
プレバイオティクス	宿主微生物により選択的に利用された結果、宿主の健康上の利益をもたらす物質 (Gibson GR, et al, 2017)	各種オリゴ糖など
シンバイオティクス	プロバイオティクスとプレバイオティクスの併用 (Gibson GR and Roberfroid M, 1995)	ビフィズス菌とオリゴ糖の組合せ

プロバイオティクスの菌株ごとの学術論文数（パブメド検索）

400以上	100以上	50以上	20以上
L. casei Shirota	*L. acidophilus* LA5	*L. rhamnosus* HN001	*L. casei* CRL 431
L. rhamnosus GG	*L. acidophilus* NCFM	*L. johnsonii* La-1	*B. bifidum* BF-1
S. boulardii	*L. plantarum* 299V	*B. breve* Yakult	*L. rhamnosus* Lcr -35
B. lactis BB-12	*L. rhamnosus* GR-1	*B. longum* BB536	*L. rhamnosus* R0011
VSL#3	*E. coli* Nissle 1917	*B. lactis* HN019	*L. acidophilus* CERELA
		L. rhamnosus LC705	*L. salivarius* UCC118
		L. reuteri RC14	*B. lactis* DN-173 010
			L. paracasei F19
			L. gasseri SBT2055
			L. gasseri OLL2716（LG21）
			L.acidophilus L-92
			L. casei DN114001

2020年4月現在

「腸内フローラのバランスを改善することにより、ヒトの健康に有益な作用をもたらす生きた微生物」と定義づけられ、世界的に浸透しました[90]。

より最近では、プロバイオティクスや腸内フローラを専門とする研究者やその活動を支援する複数の関連企業とでプロバイオティクス・プレバイオティクス国際科学連盟（International Scientific Association of Probiotics and Prebiotics：ＩＳＡＰＰ）が２００２年に設立されました。ＩＳＡＰＰの研究者らにより、プロバイオティクスの現在の定義として「適正な量を摂取することにより、宿主に有用な作用を発揮する生きた微生物」が提唱されています[91]。

プロバイオティクスの要件として、①安全である（生きた微生物である以上これが最も肝心）、②標榜する保健作用を裏づける科学的証拠がある、③製品として市場に提供されてからの品質（生菌数の維持など）が担保されている、が挙げられます。プロバイオティクスはこれらの良い働きをする微生物の総称で、有用性はそれぞれのプロバイオティクス菌株（単一か複数菌株の組合せ）について各論的に実証されています。

一口メモ

食品は3つの基本的な機能を有すると認識されています。1つめは栄養機能（1次機能）で、2つめは感覚・嗜好機能（2次機能）、そして3つめは健康の維持・増進に関与する生体調節機能（3次機能）です。

前ページの下表に掲げたように、科学的証拠が示されているプロバイオティクスの菌種や菌株が実に多いことがわかります。科学的な証拠に基づくプロバイオティクスの有用性には、下痢症や慢性炎症性腸疾患、アレルギーなどの軽減が含まれます。

日本では、食品の３次機能として認められている保健作用を標榜する食品として、特定保健用食品（保健作用の文言表示について、消費者庁に申請し許可を得たもの）や機能性表示食品（提供する企業など事業者の自己責任において保健作用の表示を消費者庁に届け出ることでよく、特別な認可を必要としない）があり、多様なプロバイオティクス菌株を含有する食品やサプリメントが市販されています。

主なプロバイオティクス菌株とその特徴的な保健作用

プロバイオティクス菌株	謳われている主な保健作用や特徴
Lactobacillus rhamnosus GG	ロタウイルス下痢症の予防、アトピー性皮膚炎の予防
Lactobacillus casei strain Shirota	整腸作用、腸内環境改善作用、免疫調節作用
Saccharomyces boulardii	下痢症の予防、慢性炎症性腸疾患や過敏性腸症候群（IBS）の症状軽減
Lactobacillus acidophilus NCFM	IBSの症状軽減、腸管上皮への接着作用
VSL#3	8菌株（ビフィズス菌、乳酸桿菌、ストレプトコッカス）、高菌数、潰瘍性大腸炎の寛解維持
Bifidobacterium animalis subsp. lactis BB-12	腸内生残性が高い、乳幼児の感染症予防
Bifidobacterium breve strain Yakult	整腸作用、腸内環境改善作用、壊死性腸炎の予防
Escherichia coli strain Nissle 1917	潰瘍性大腸炎の寛解維持、慢性便秘症の改善

保健機能食品の位置づけ

	保健機能食品			
医薬品（医薬部外品を含む）	栄養機能食品（規格基準型）	特定保健用食品（個別許可・規格基準型）	機能性表示食品	一般食品（いわゆる健康食品を含む）

（栄養機能食品・特定保健用食品・機能性表示食品）機能性表示が可能

出所：消費者庁 HPhttps://www.caa.go.jp/policies/policy/food_labeling/health_promotion/ より抜粋、改変して引用

特定保健用食品と機能性表示食品の主な違い

《特定保健用食品》		《機能性表示食品》
消費者庁による審査（国による認証）	↔	企業などの責任に基づく届出制（自己認証）
許可マークがある	↔	国からマークなどは付与されない
安全性試験の実施が必須	↔	食経験の評価。安全性試験は既存の文献情報による評価もOK
ヒトにおける有効性試験の実施が必須	↔	ヒトにおける有効性試験の結果のほか、システマティックレビューによる科学的根拠の実証が可能

出所：消費者庁 HPhttps://www.caa.go.jp/policies/policy/food_labeling/health_promotion/ より抜粋、改変して引用

26 感染性下痢症を予防する

衛生的な環境や医療技術の進展が著しい現在でも、なお感染性下痢症は世界的な人類の脅威であり続けています。ロタウイルス下痢症は、生後６カ月から２歳の間の乳幼児を主体に発生する、世界中で最も一般的な下痢症の一つです。短期間ではあるものの嘔吐や急激な水溶性下痢が続くため、治療は主に脱水に対する補液と栄養管理となります。

ロタウイルス感染性下痢に対する種々のプロバイオティクスの効果が、プラセボを対照とする二重盲検ランダム化試験により調べられています[92]。たとえばヨーロッパで実施された多施設試験では、１～３カ月齢の下痢入院乳児２９１人が無作為に２群に分けられ、入院４～６時間目の脱水処置の後に、10^{10}のラクトバチルス・ラムノサス（*Lactobacillus rhamnosus*：Ｌ・ラムノサス）ＧＧ株（ＬＧＧ）かプラセボが与えられました。このとき、ＬＧＧ群の下痢発症期間はプラセボ群に比べて有意に短かったことが報告されています。

また、アジア太平洋地域の小児医療の専門研究者により、ＬＧＧに加えて酵母菌のサッカロミセス・ブラーディ（*Saccharomyces boulardii*：Ｓ・ブラーディ）ＣＮＣＭ Ｉ－７４５について、小児の急性下痢症に対する有用性が推奨されています[93]。

ノロウイルスは、冬季に発生するウイルス性胃腸炎の原因の大半を占めています。ノロウイルスという名前は、このウイルスが１９６８年に米国オハイオ州のノーウォーク市（牡蠣の養殖が盛んな東海岸の小都市）で最初に発見されたことにちなんでいます。わずか１００個のウイルスが胃腸炎を起こし、乾燥にも強いことで強力な感染力を持っています。感染後に症状が出るまでの潜伏期間は24～48時間で、主な症状は嘔

5歳未満児における原因微生物別感染性下痢症の発症率（2016年）

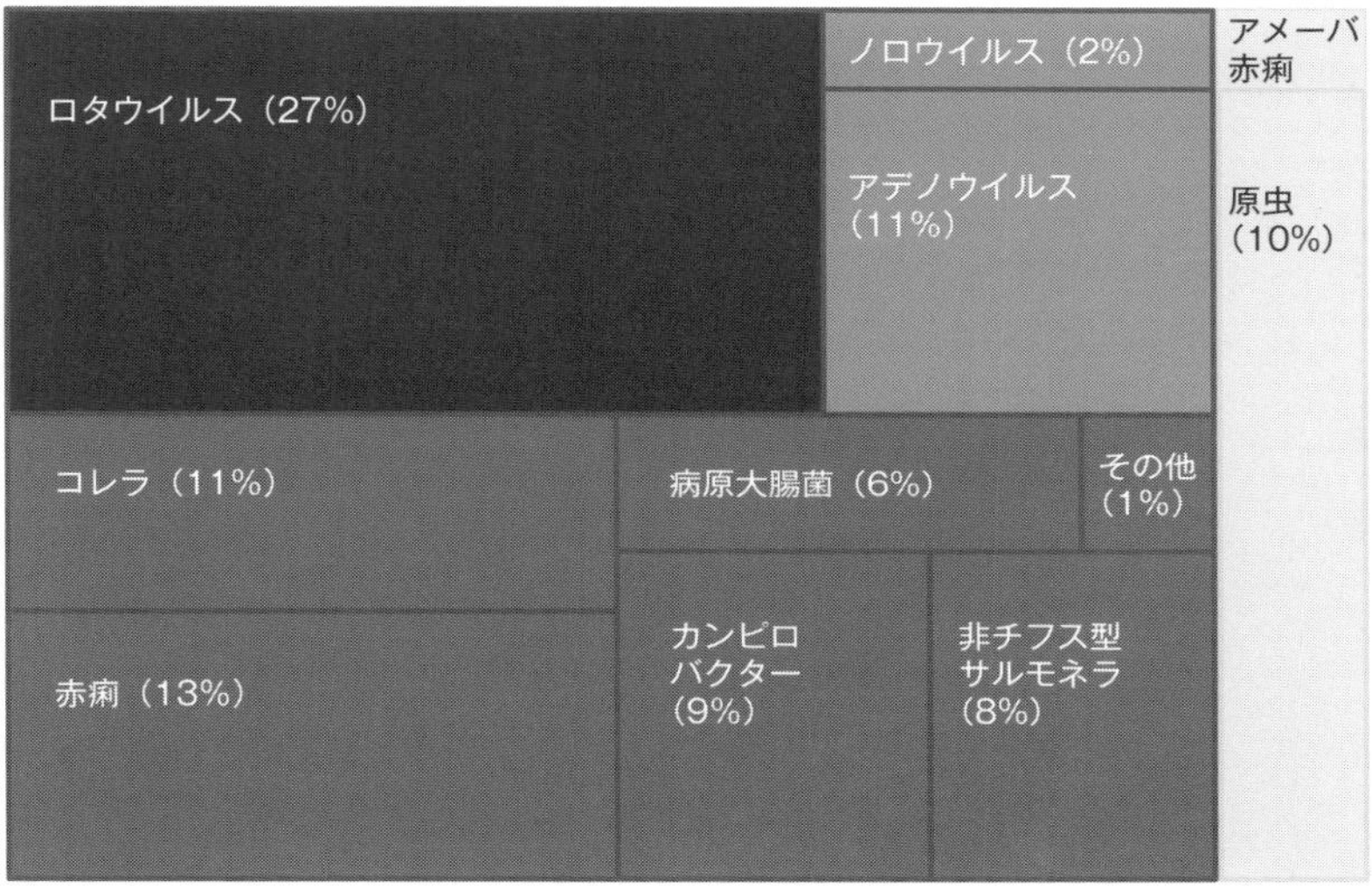

出所：WHO HP: https://ourworldindata.org/diarrheal-diseases より改変・引用

吐、下痢、腹痛、発熱です。通常、症状は1～2日続き、健康な成人であれば2～3日で回復しますが、有効な抗ウイルス剤などの治療法は確立しておらず、対症療法として下痢や嘔吐で失われる水分の補給を行うことが肝心とされています。

　特に、高齢者がノロウイルスに感染して嘔吐を発症すると、嘔吐物の誤嚥から誤嚥性肺炎という合併症を起こす可能性が高まります。また、もともと体内水分量が少ない高齢者では、下痢や嘔吐による脱水症状も起こりやすくなります。順天堂大学の研究グループでは、介護老人保健施設入所者の感染症リスク低減のために、プロバイオティクスであるL・カゼイ・シロタ株を含む飲料の利用を検討している過程で、試験期間中に集団発生したノロウイルスによる感染性胃腸炎へのL・カゼイ・シロタ株飲料の有効性を確認しました[94)]。L・カゼイ・シロタ株乳酸菌飲料の飲用の有無で感染性胃腸炎の発症率に大きな差は見られませんでしたが、同飲料の飲用群では試験期間中で37℃以上の発熱日数が非飲用群に比べて短かった、と報告されています。

抗菌薬を処方された患者の20％で、腸内フローラのバランス異常による下痢が起こるとされています。投与された抗菌薬に耐性のクロストリジウム・ディフィシル（*Clostridium difficile*）、緑膿菌、カンディダ、薬剤耐性黄色ブドウ球菌などが、抗生物質誘導下痢症（ＡＡＤ）を増悪させる起因菌として知られています。ＡＡＤの発症予防のためのプロバイオティクスとしてＬＧＧやＳ・ブラーディが有効とされています[95]。

「感染性下痢症」は、特にアフリカのサブサハラ諸国や南アジア諸国で現在も重大な問題であり続けています。ちなみに２０１７年のインドで、急性下痢症で亡くなった方の数は人口10万人当たり85人であること、および「不衛生な環境」と「小児の栄養不良」が主要なリスク因子であることを、ＷＨＯは報告しています[96]。

私は、インド東部・コルカタ市の「インド国立コレラ・腸管感染症研究所（National Institute for Cholera and Enteric Diseases：ＮＩＣＥＤ）」という研究機関が主体となって実施された、コルカタ市に住む１歳以上５歳未満の小児を対象とするプロバイオティクスの感染性下痢症の予防作用に関する大規模臨床研究に参画しました[97]。この研究では、総数４０００人近くの小児にプロバイオティクス（Ｌ・カゼイ・シロタ株乳酸菌飲料）を飲むグループと、プラセボ飲料を飲むグループに分け、それぞれの飲料を12週間毎日飲んでもらいました。

飲用期間後も、さらに12週間を非飲用の観察期間とし、合計24週間にわたって急性下痢症の有無を全員確認しました。その結果、期間中に急性下痢症を発症した小児数は、プロバイオティクス群では１８０２人中６０８人、プラセボ飲料を飲んだグループでは１７８３人中６７４人でした。小児１人・１年間当たりに換算した急性下痢症の発症率で見ると、プラセボ飲料を飲んだグループの発症率が１・０２９回に対し、プロバイオティクス飲用群では０・88回と、下痢の発症率がプラセボ飲用群と比較して14％低かったことが明らかになりました。研究実施から10年以上経過していますが、感染性下痢症の脅威は未解決で、プロバイオティクスの感染予防作用についてさらなる検証研究が必要です。

急性下痢症の予防作用に関するプラセボ対照並行2群間比較試験

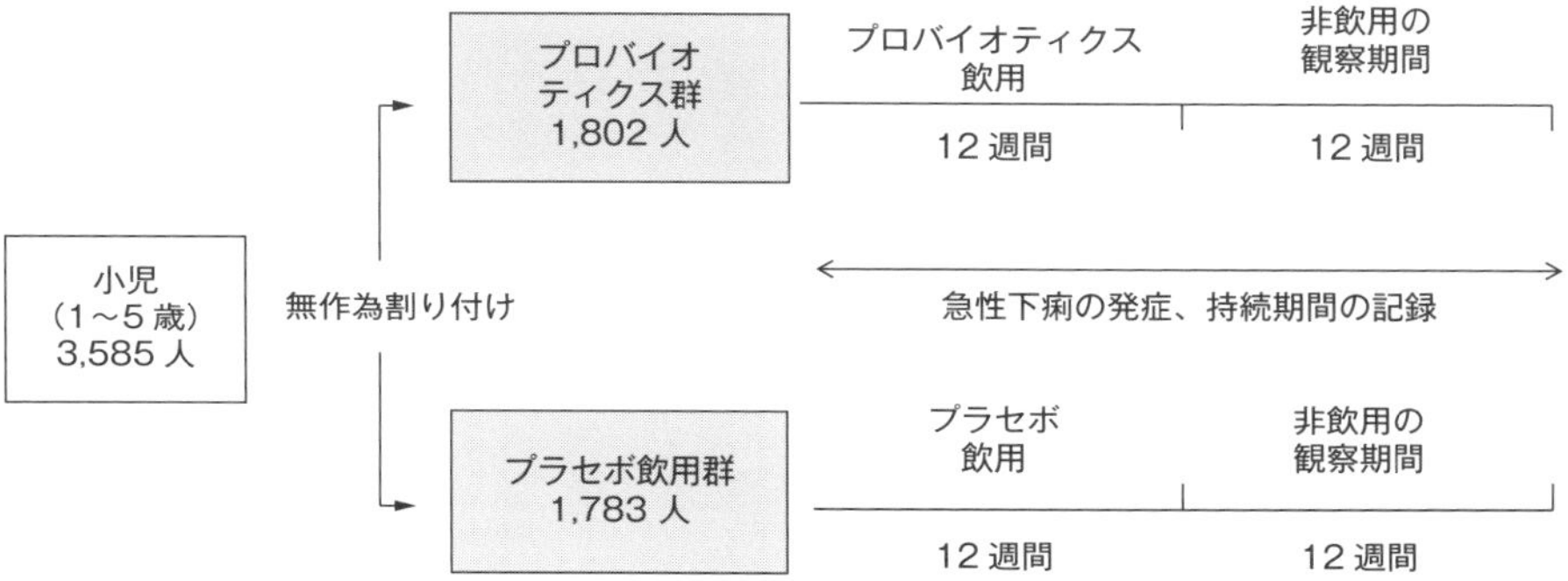

出所：Sur D et al., Epidemiol. Infect, 139, 919-926, 2011より改変・引用

プロバイオティクスの感染性下痢症の予防作用

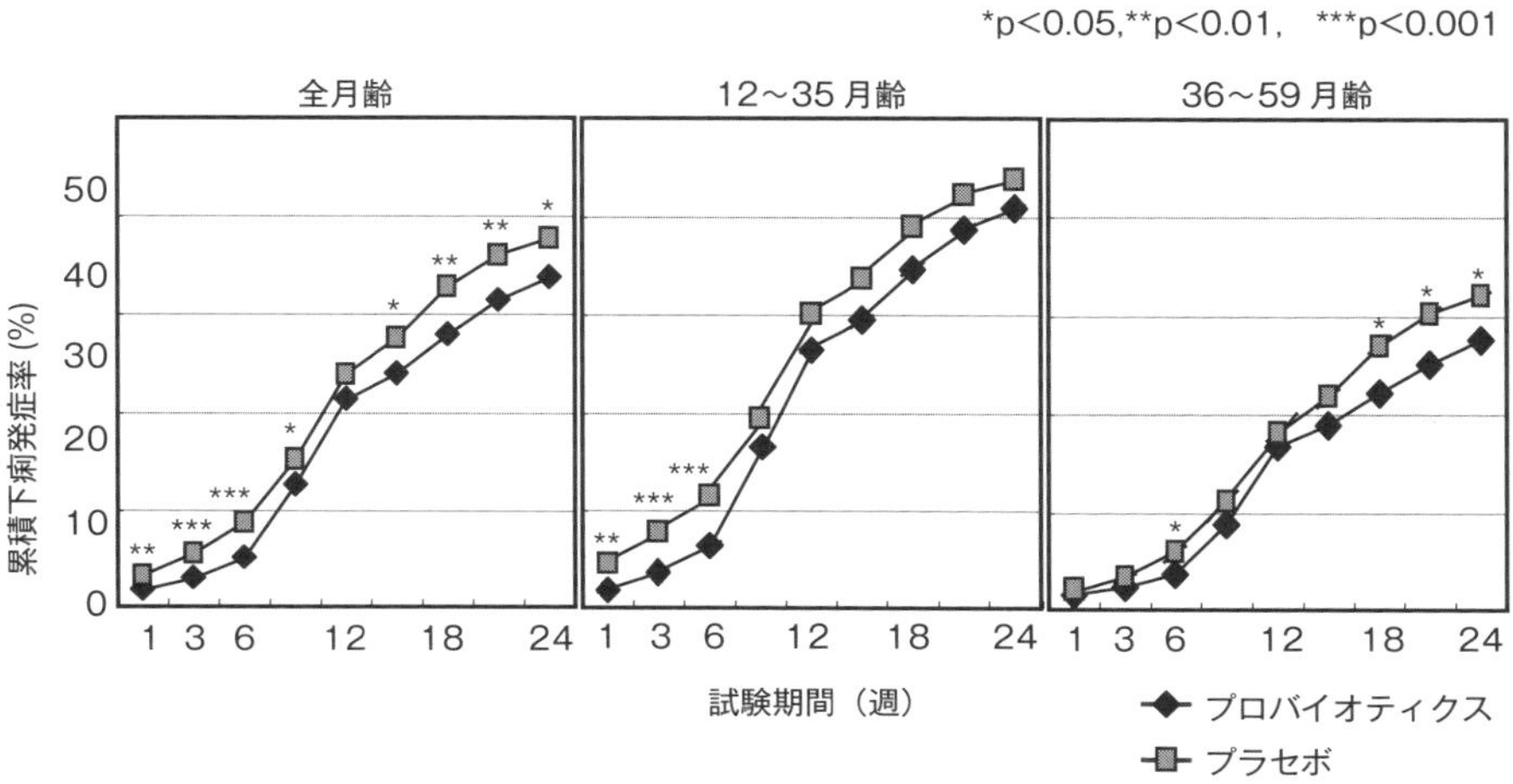

プロバイオティクス飲用により、特に飲用初期に強い下痢予防効果が認められた

出所：Sur D et al., Epidemiol. Infect, 139, 919-926, 2011より改変・引用

27 新生児・小児科治療で期待されるプロバイオティクスの効果

〝Developmental Origins of Health and Disease：ＤＯＨａＤ（胎芽期・胎生期から出生後の発達期における種々の環境因子が、成長後の健康や種々の疾病発症リスクに影響を及ぼすという概念）〟が提唱されています。この「環境因子」としての腸内フローラの重要性が増しています。低出生体重児とは、生まれたときの体重が２５００g未満の新生児を指します。低出生体重児でリスクの高い疾患の一つとして、壊死性腸炎（necrotizing enterocolitis：ＮＥＣ）がありますが、そんなＮＥＣの発生要因の一つとして生後早期の腸内フローラの構築不全が指摘されています。

プロバイオティクスの低出生体重児のＮＥＣ発症予防作用について実施された臨床試験をまとめたメタアナリシスでは、ラクトバチルス・ラムノサス（*Lactobacillus rhamnosus*：Ｌ・ラムノサス）ＧＧ株やＬ・ロイテリ（*L.reuteri*）ＤＳＭ１７９３８株などのプロバイオティクス菌株の有効性が示されています[98]。また、ＮＥＣの動物実験モデルにおけるＬ・ラムノサスＧＧ株やＬ・ロイテリＤＳＭ１７９３８株の腸管上皮バリアの強化作用が報告されています。

日本でも大阪母子医療センターの北島博之新生児科元主任部長らが、１９９０年代から低出生体重児のＮＥＣを予防する目的でビフィズス菌（ビフィドバクテリウム・ブレーベ）を腸内に移入し、投与したビフィズス菌の定着に伴い体重増加が促進した例を発表しました[97]。また国立成育医療研究センターの金森豊診療部長は、シンバイオティクス（プロバイオティクスとプレバイオティクスの併用）が小児の腸内フローラ異常を改善→腸管機能の改善→栄養状態の回復という好循環をもたらすことを明らかにしています[100]。

プロバイオティクス飲料の継続摂取による小児腸内フローラの改善

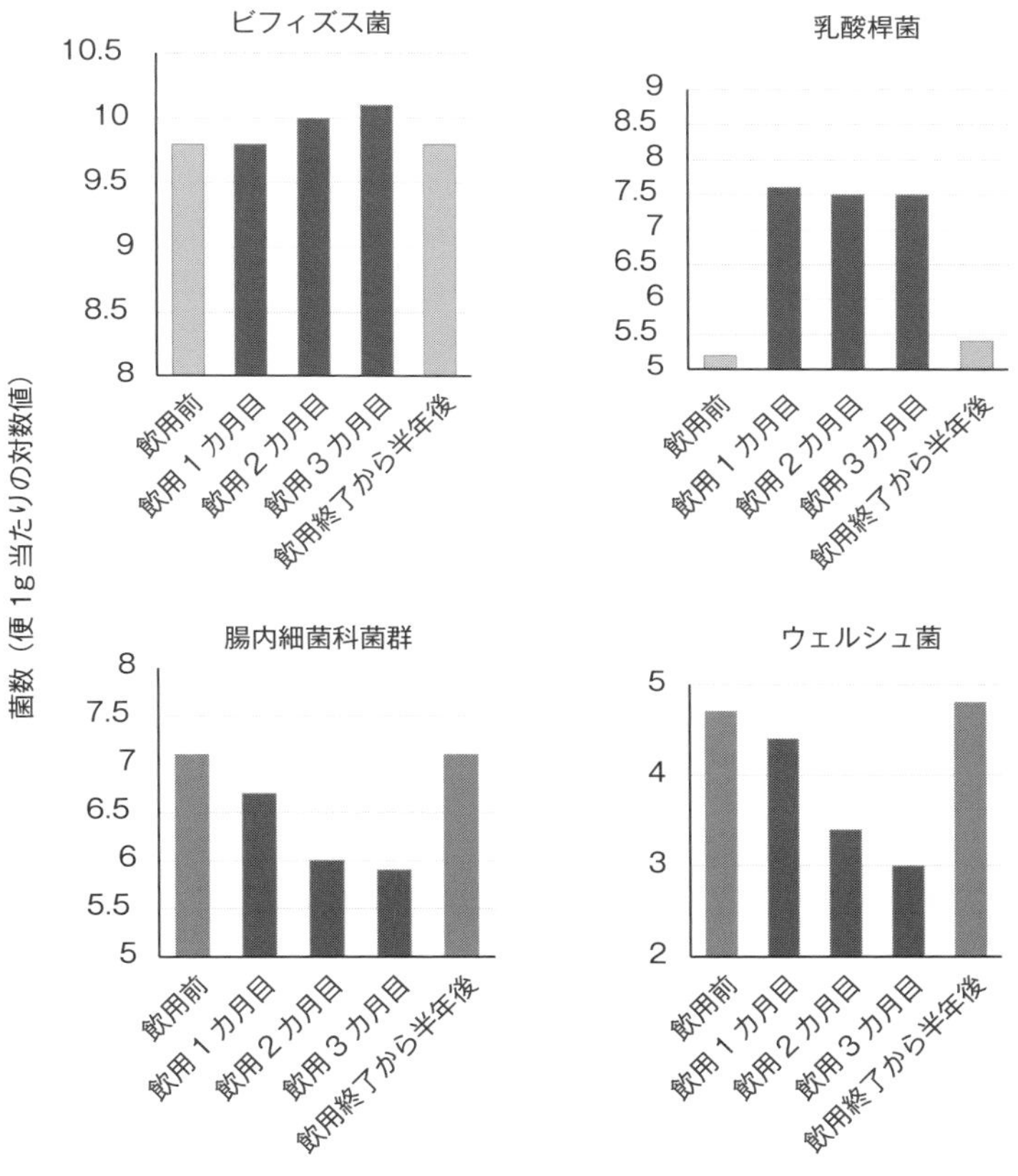

出所：Wan, C. et al., Annal Nutr Metabol, 67:257-266, 2015より改変・引用

28 消化器疾患に大きな作用を及ぼす

口腔領域では、歯周病の予防や改善のために国内外でプロバイオティクスが導入され、ポルフィロモナス・ジンジバリス（*Porphyromonas gingivaris*）やタンネレラ・フォーサイシア（*Tannerella forsythia*）、トレポネーマ・デンティコーラ（*Treponema denticola*）など歯周病原因菌の減少や、歯肉炎など臨床症状の低減が報告されています[101)]。プロバイオティクスとしてラクトバチルス・ロイテリ（*Lactobacillus reuteri*：L・ロイテリ）、L・ラムノサス（*L.rhamnosus*）、L・サリバリウス（*L.salivarius*）などの乳酸桿菌が用いられ、口腔菌叢の乱れを是正する効果を発揮しています。

第2章でも少し触れましたが、胃粘膜に常在するピロリ菌（ヘリコバクター・ピロリ）は慢性胃炎を引き起こし、消化性潰瘍や胃がんなどの原因と見なされ、除菌することが一般化しています。その際にプロバイオティクスを併用することで除菌率が上昇する、というメタアナリシスの結果があります[102)]。また最近の米国の診療ガイドラインでは、H・ピロリ除菌の補助療法としてプロバイオティクスが有効とされています[103)]。なお、同ガイドラインでは用いるプロバイオティクスの種類や投与方法などに留意するよう喚起されています。

代表的な機能性消化管障害である機能性ディスペプシア（いわゆる慢性胃炎）や過敏性腸症候群（IBS）に対しても、プロバイオティクスが症状を改善するという臨床研究の結果が蓄積しています。日本消化器病学会の診療ガイドラインで、IBS治療の第1ステップとしてプロバイオティクスが記載されています[104)]。ただし、「乳酸菌やビフィズス菌などの有用菌」

想定されるＬカゼイ・シロタ株のNASH予防の作用機序

摂取されたＬカゼイ
↓
腸内フローラの改善
↓
腸管透過性の阻害
↓
代謝性内毒素血症の阻害
↓
肝臓の炎症の阻害
↓
NASHの予防

出所：Naito E. et al., J. Appl. Microbiol.,110: 650-657, 2011 より改変・引用

一口メモ

＊VSL#3は4種の乳酸桿菌（L・アシドフィルス:*L. acidophilus*、L・ヘルベチカス:*L.helveticus*, 、L・パラカセイ:*L.paracasei*, 、L・プランタルム:*L. plantarum*）と3種のビフィズス菌（ビフィドバクテリウム・ブレーベ:*B. breve*、B・インファンティス:*B.infantis*、B・ロンガム:*B.longum*）、およびストレプトコッカス属1種の、合計8種のプロバイオティクス菌株を混合したものです。合わせた菌数は1,000億個にも上ると標榜されています。

の記載にとどまり、特に菌種や菌株の指定はありません。

さらに、炎症性腸疾患に対する補助療法としてのプロバイオティクスに関するシステマティックレビューでは、VSL＃3のような特定の種類について潰瘍性大腸炎に対する寛解導入・維持などの有効性が示されています。しかし残念なことに、このレビューで参照されたプロバイオティクス菌株全体の臨床研究報告では、有意な効果が認められなかったとしています[105]。

ということで、このような症状の問題を抱える消費者が、プロバイオティクスを含む食品やサプリメントとして摂取する際には、それぞれに有効であることが根拠づけられている菌株を選択することが肝心です。製品を販売する各社の「消費者相談窓口」などが設置されていますから、適宜相談するとよいでしょう。

近年では、慢性の肝疾患への腸内フローラの関与も認識が高まっています。すなわち、アルコール性肝臓疾患（ALD：脂肪肝、脂肪性肝炎、肝繊維症、肝硬変、肝がんなど）における腸内フローラ異常と、腸管バリア機能の低下による腸内細菌の生体内侵襲への関

与が重視されています[106]。

ヒトでの臨床試験や実験動物モデルを用いた研究結果から、さまざまなプロバイオティクス（Ｌ・ラムノサスＧＧ、ＶＳＬ＃３など）や腸内有用細菌（アッカーマンシア・ムシニフィラ：*Akkermansia muciniphila*）がＡＬＤを改善することが報告されています[107]。非アルコール性脂肪肝疾患（ＮＦＡＬＤ）はアルコールを除くいろいろな原因で起こる脂肪肝の総称ですが、その多くは肥満や糖尿病、脂質異常症、高血圧を伴い、メタボリックシンドロームの肝臓病と考えられています。有病率は全国で１０００万人超と言われるほどです[108]。

ＮＦＡＬＤ患者の多くに小腸内の細菌異常増殖と腸管透過性の亢進が認められ、その発症や進展において前述した「代謝性内毒素血症」の関与が示唆されています[107]。さまざまな肝臓障害の実験動物モデルを用い、乳酸桿菌Ｌ・カゼイ・シロタ株（ＬｃＳ）の改善作用が調べられていますが、一例としてマウスの食餌性脂肪肝モデルでＬｃＳは脂肪肝の発症を抑えられることが明らかになりました[109]。清涼飲料水に含まれる果糖は、大量に摂取し続けると肝臓障害や肥満を引き起こす可能性がありますが、これには果糖の過剰摂取による腸内フローラの異常が誘因となる「代謝性内毒素血症」が大きく関与します。

またＬｃＳは、高果糖負荷食で飼育されたラットに発症する肝障害や、やはり食餌性のマウスの非アルコール性脂肪性肝炎（ＮＡＳＨ）の進行を抑制することもわかりました[110]。ＬｃＳの作用メカニズムとして、インスリン抵抗性や耐糖能異常の改善や、代謝性内毒素血症において血中の内毒素が結合するタンパク質受容体の発現を低下させることが示唆されています。

以上の結果はＮＦＡＬＤにおいて、「高脂肪や高果糖食など↓腸内フローラの異常↓代謝性内毒素血症の誘導↓肝機能異常」という経路が重要な発症機序となり、ＬｃＳなどのプロバイオティクスの摂取による改善が期待できることを示しています。ＮＦＡＬＤ患者に対するプロバイオティクスの有効性を示すいくつかの臨床研究結果も報告されています。

29 アレルギーの軽減・抑制にも確かな効果がある

プロバイオティクスによるアレルギーの軽減や発症の抑制に関する研究成果が続々と報告されています。その口火を切ったのは、2001年のフィンランドの研究グループの報告です[111]。カッリオマキ博士（Kalliomäki）らは、家族や親族にアトピー性皮膚炎の既往歴がある妊婦を対象とするプラセボ対照ランダム化比較試験（RCT）で、妊娠末期と産後にL・ラムノサスGG株（LGG）の菌末が入ったカプセルを継続摂取することにより、このお母さんから生まれた赤ちゃんが2歳になるまでのアトピー発症に伴う湿疹などの臨床諸症状が緩和される、と報告しました。

この論文が報告されて以降現在まで、同様の試験プロトコール（実施計画書）により、さまざまなプロバイオティクス菌株（多くは乳酸桿菌やビフィズス菌）を用いた数多くの臨床研究が世界各国で実施されました。これらの研究結果をまとめたシステマティックレビューをもとに、世界アレルギー機関から、アレルギー発症リスクが高い児を産む可能性のある妊婦のアレルギー予防に関して、プロバイオティクスの使用を推奨するガイドラインが発表されています[112]。

ただし、「その証拠は強くない」との注意書きが付記されていますが、その理由として用いるプロバイオティクスの菌株や摂取量（菌数など）や期間などが、試験によって多様であることも考えられています。また2006年から2018年にかけて、世界各国で同様に実施された28の臨床研究結果をメタアナリシスにまとめた考察として、出産前後にプロバイオティクスを摂取すると出産後の児のアトピー発症を有意に低減させると結論しています[113]。

最近、アレルギー疾患に対するアレルゲン免疫療法の有効性が注目されています。すなわち、花粉症やアレルギー性鼻炎、気管支ぜんそくなどの患者に、それぞれの特異的なアレルゲン（スギ花粉、ダニ抗原など）を長期間かけて経口摂取か皮下接種することにより、アレルゲンに曝されたときに引き起こされる関連症状を緩和する（免疫寛容の誘導）治療法です。

食物アレルギー（ピーナッツアレルギー）に対する、アレルゲンの継続摂取による経口免疫療法（OIT）の有効性も示唆されています。タン博士（Mimi LK Tang）らは、OITにプロバイオティクス乳酸菌を同時摂取することによる明確な効果増強を報告しました[114]。プロバイオティクス投与により治療終了後のアレルゲンに対する不応答が継続することも報告され、作用メカニズムとしてプロバイオティクスのアジュバント作用によるアレルギー抑制的な免疫応答の促進が唱えられています。

プロバイオティクスの抗アレルギー作用についての臨床的な証拠はかなり蓄積されてきましたが、作用メカニズムについてはまだ不明な点が多いのも事実です。これは、各臨床試験で使用されるプロバイオティクスの菌株、投与期間、量などの条件が異なることも要因と考えられます。

ISAPPのサンダース博士（Mary Ellen Sanders）は、「さまざまなプロバイオティクス菌株に共通するコアな作用やメカニズムと、各菌株に特異的に作用するメカニズム」の系統化が必要と提唱しています[115]。特にプロバイオティクスの免疫調節作用においては、プロバイオティクス微生物の菌体構造や成分による作用が肝心と考えられています。こうした観点から、さまざまな異なる菌株に共通する菌体構造や成分と作用が明らかになると、安全性も含めて一般的な理解が進むと認識されています。

一口メモ

日本皮膚科学会のガイドラインに、アトピー性皮膚炎患者の多くはアトピー素因を持つとあり、①家族歴・既往歴（気管支ぜんそく、アレルギー性鼻炎・結膜炎、アトピー性皮膚炎のうちいずれか、あるいは複数の疾患）、また②IgE抗体を産生しやすいと記されています[116]。

2歳時におけるアトピー性湿疹の有無

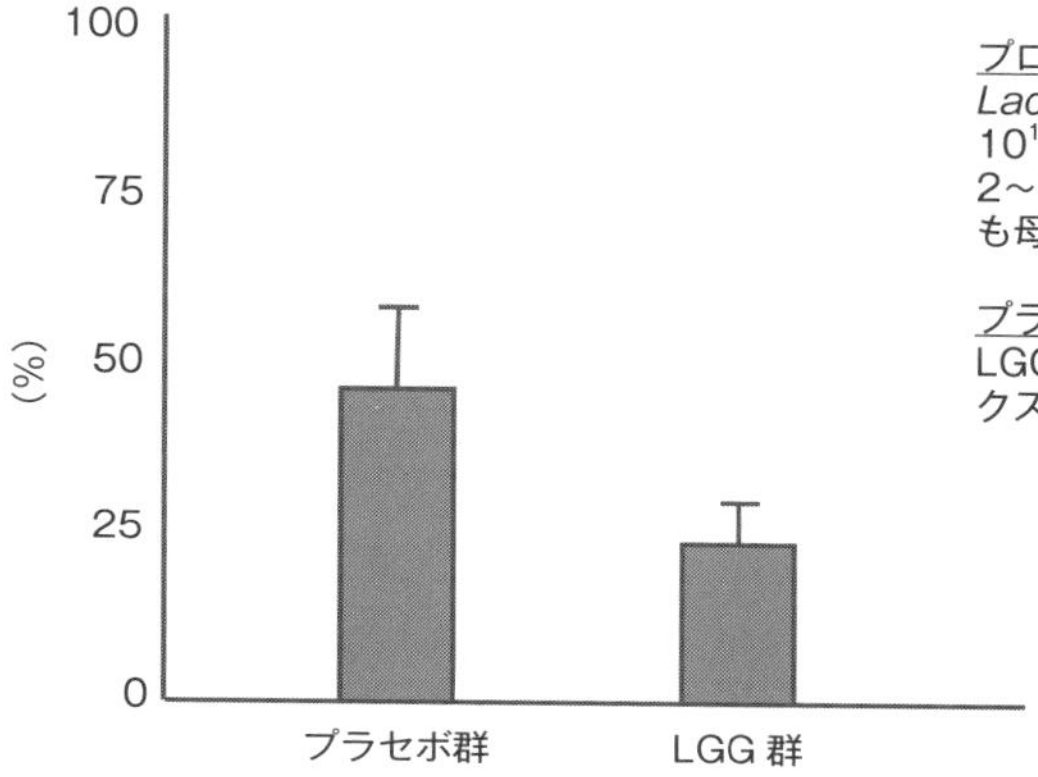

プロバイオティクス群：
Lactobacillus rhamnosus GG（LGG）を10^{10} CFUを含むカプセルを妊娠末期の母親が2〜4週間毎日摂取した。出産後の6カ月間にも母親（可能な場合は児も）が摂取した

プラセボ群：
LGGを含まないカプセルを、プロバイオティクス群と同じ条件で摂取した

出所：KalliomäkiM et al., Lancet. 357:1076-9, 2001より改変・引用

プロバイオティクスによる保健作用の階層的な考え方

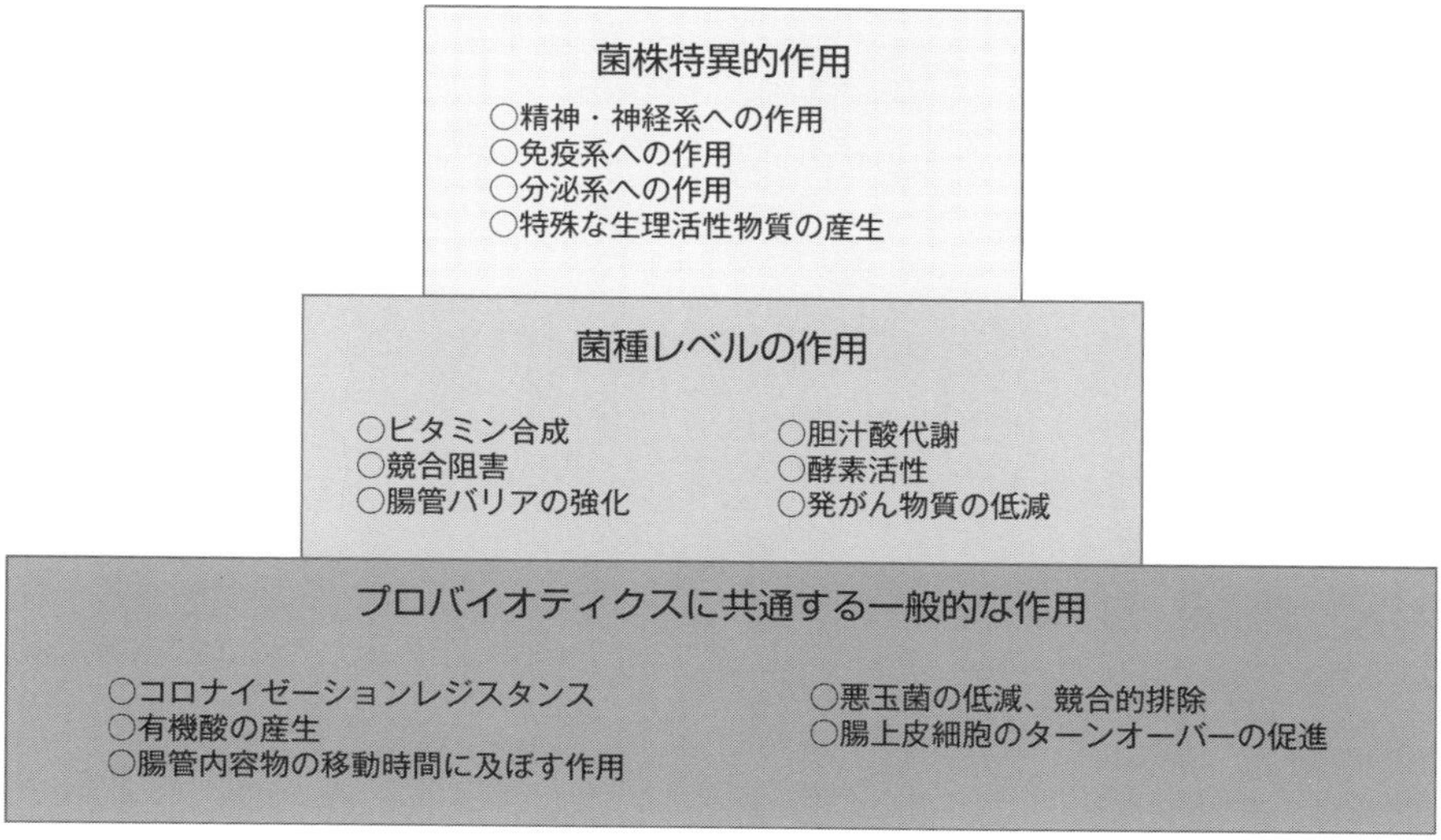

出所：Sanders ME et al, Nutrition Bulletin, 43, 212-225, 2018より改変・引用

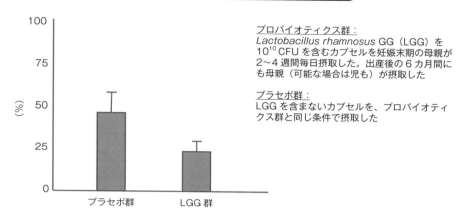

30 俄然注目されるがん予防への可能性

かなり以前から乳酸菌が持つがんの予防作用についても着目されており、多くの実験動物モデルで報告がなされています。プロバイオティクスのがん予防に関する臨床研究の報告は多くありませんが、限られた報告の中で確かな効果とされているいくつかの結果について紹介します。

話は1990年代に遡りますが、東京大学泌尿器科の阿曽佳郎教授らのグループは、LcSの抗がん作用に関するそれまでの動物実験結果に基づき、LcSによる表在性膀胱がん患者の術後の再発抑制作用について、臨床試験を行いました[117)]。その結果、術後1年間のLcSの服用により、LcS摂取群の術後1年間の非再発率は79・2%と、プラセボ薬摂取群の54・9%に比べて明らかに良好な結果が得られました。

さらに、九州大学泌尿器科の内藤誠二教授らのグループは、通常行われる抗がん剤の膀胱内注入療法に加え、LcS服用による上乗せ効果があるかどうかを検討しました[118)]。表在性膀胱がんの内視鏡切除術（TURBT）後の再発予防として、エピルビシンという抗がん剤の膀胱内注入に加えLcSを内服する群と、内服しない群による無作為化比較試験です。その結果、術後1年間のエピルビシン膀胱内注入療法単独群の非再発率は59・9%だったのに対し、LcS内服併用群では74・6%と、LcS併用による有効性が示されました。

また、40～55歳の乳がん患者306例と、年齢・居住地域がマッチする662例の対照者（乳がんでない）を比較した症例対照研究（調査研究）があります。この場合は、LcSを含む飲料を週に4回以上摂取している人は乳がん発生率が低い、という結果が得られています[119]。

近年、がん免疫療法が著しく進展しています。がん細胞の表面に発現している抗原を標的とする免疫応答の強化や、がん細胞の免疫応答低下作用を解除するシステムにポイントが置かれています。がん細胞の標的抗原分子に対する抗体〔免疫チェックポイント阻害剤（ＩＣＢ）〕、あるいは、がん抗原を認識するように免疫細胞の受容体を遺伝子改変して宿主に戻す方法である「ＣＡＲ－Ｔ療法」が開発され、臨床応用されています。特にＩＣＢの研究・開発に関して、基礎研究段階から主導的な役割を果たしてきた本庶佑博士が、２０１８年にノーベル賞を受賞されたことは記憶に新しいです。

最近では、腸内常在細菌がこうしたがん免疫療法の効果を促進することを示唆する研究報告も増えています。シヴァン博士（Ayelest Sivan）らは、Ｃ57ＢＬ／６という系統のマウスの移植がん実験モデルを用い、抗ＰＤ－Ｌ１抗体（ＩＣＢの一種）の抗がん作用を調べました。すると、同じ系統のマウスでも供給元（ブリーダー）の違いにより、抗ＰＤ－Ｌ１抗体の抗がん作用に差が認められることがわかりました。

さらに、これらの異なるブリーダーのマウスの腸内フローラを調べたところ、それぞれのビフィズス菌数と抗腫瘍免疫を司るエフェクターＴ細胞の割合に相関関係がありました。そこで、抗ＰＤ－Ｌ１抗体の効果が弱かったブリーダー由来のマウスに、抗ＰＤ－Ｌ１抗体に加えてビフィズス菌を併用投与すると、抗ＰＤ－Ｌ１抗体の抗がん作用が強められたのです[120]。より最近では、転移性メラノーマ患者における抗ＰＤ－Ｌ１抗体（ＩＣＢの一種）治療への反応性の違い（奏功群：Ｒ、非奏功群：ＮＲ）に、患者の腸内フローラが関係していることが報告されました[121]。

この研究では、患者便をマウスの腸内に移入し、さらに黒色腫（メラノーマ）細胞をマウスの皮下に移植してメラノーマ細胞の増殖を調べています。Ｒ群の患者便を腸内移入されたマウスのメラノーマ細胞の増殖具合は、ＮＲ群の便を移入されたマウスに比べて抑制されていました。またラウティ博士（Bertrand Rauty）らは、抗ＰＤ－１抗体や抗ＰＤ－Ｌ１抗体の治療を受けたがん患者のうち、治療期間中に抗生剤を投与されたか、されないかで奏効率を比較すると、抗生剤非投与群では抗生剤投与群よりも予後が良好と報告しています[122]。

この研究で、奏効率の高い患者の腸内は、アッカーマンシア・ムシニフィラ（*Akkermansia muciniphila*：Ａ・ムシニフィラ）やエンテロコッカス・ヒラエ（*Enterococcus hirae*：Ｅ・ヒラエ）など限られた菌種のレベルが高いこと、マウスにおける抗ＰＤ－１抗体の抗がん作用が、Ａ・ムシニフィラやＥ・ヒラエの投与により増強されたとも報告されています。腸内フローラがＩＣＢの作用を増強する作用メカニズムとして、腸内フローラの自然免疫系を介する免疫促進作用が示唆されています。

シクロフォスファミド（ＣＹ）は、がん細胞に対して直接的な障害作用を発揮する抗がん剤（化学療法剤）の一種です。通常の抗がん化学療法剤は、がん細胞の増殖阻害作用により抗がん作用を発揮しますが、副作用として増殖能の旺盛な骨髄細胞や未熟な免疫細胞にも障害作用を発揮することがあります。

ここで、ＣＹが抗がん免疫を誘導するという興味深い研究報告があります[123]。腸内細菌が腸管を介して私たちの体内に侵入することを、バクテリアルトランスロケーション（ＢＴ）と呼んでいますが、ＣＹ自身が腸管の粘膜細胞を障害することで腸内に常在するＥ・ヒラエやバルネシエラ・インテスティニホミニス（*Barnesiella intestinihominis*）などの細菌のＢＴを引き起こし、侵入したＥ・ヒラエは抗がん免疫反応を促進することでＣＹの抗がん作用に貢献するというものです。

私は以前、抗がん剤によるＢＴ誘導の基礎研究に従事していました。５－ＦＵという抗がん化学療法剤をマウスに投与すると、致命的なＢＴを起こすことを見出したのです[124]。しかも、この実験でＢＴを起こす微生物は決まって腸内常在性の大腸菌のみでしたので、再現性の高い特徴的なＢＴ実験モデルと言えます。

ＢＴは誘導要因や宿主の状態、侵入する微生物の種類や量などにより、私たちの健康にとって諸刃の剣となることが言われています。さまざまな疾患に対する薬物療法への腸内細菌の関与について、今後さらなる研究の発展が望まれます。

ヒト腸内常在複数菌種の腸内移植によるマウスの抗がん免疫能の促進

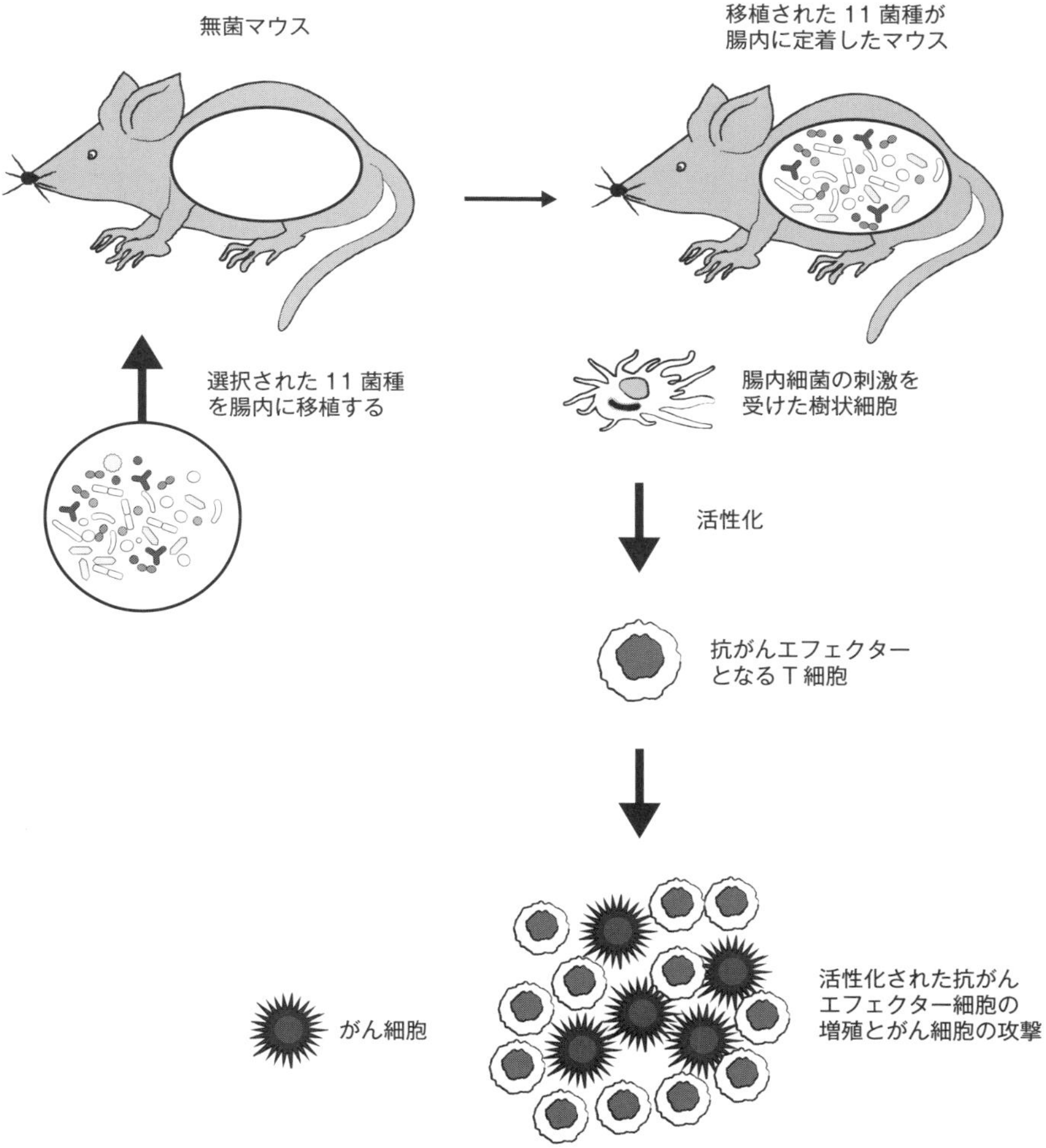

出所：Nathan E. et al, Nature 565: 573-574, 2019 より改変・引用

31 メンタルヘルスの維持改善に向けて研究が進む

プロバイオティクスが精神・神経系に及ぼす影響の研究も進んでいます。たとえば、マウスの回虫感染モデルにおける焦燥や認識ストレスをビフィズス菌（ビフィドバクテリウム・ロンガム：*Bifidobacterium longum*）が改善すること[125]や、乳酸桿菌（ラクトバチルス・ラムノサス：*Lactobacillus rhamnosus*）によるラットの抑うつ症状の改善作用[126]などが報告されています。また、ヒトにおける数々の臨床研究でも、乳酸桿菌やビフィズス菌の情動やストレスに対する改善作用が報告されています[127]。

ディナン博士（Timothy G Dinan）らは、〝psycobiotics（サイコバイオティクス：メンタルヘルスに良好な影響を及ぼす生きた微生物）〟の概念を提唱しています[128]。しかし、上記ラットのモデルで有効性を示したL・ラムノサス株は、ヒトでの臨床研究で抑うつ作用の改善は認められなかったとされています[129]。さらに2004〜2017年にかけて実施された、乳酸菌やビフィズス菌による不安の改善作用に関する12の臨床研究を総括したメタアナリシスでは、プロバイオティクスとプラセボとの間に有意な差は認められないと報告されました[130]。

以上の結果は、実験動物モデルにおけるプロバイオティクスの効果をそのままヒトに当てはめることの難しさや、個々のプロバイオティクス菌株の有効性が必ずしもどのプロバイオティクス菌株にも共通するものではないことを示しています。今後、この領域のさらなる研究の進展により、腸内フローラや環境の調節によるメンタルヘルスの維持改善、および効果的なプロバイオティクスの活用法が確立されることに期待が高まっています。

脳 - 腸 - 腸内細菌相関とサイコバイオティクスの刺激

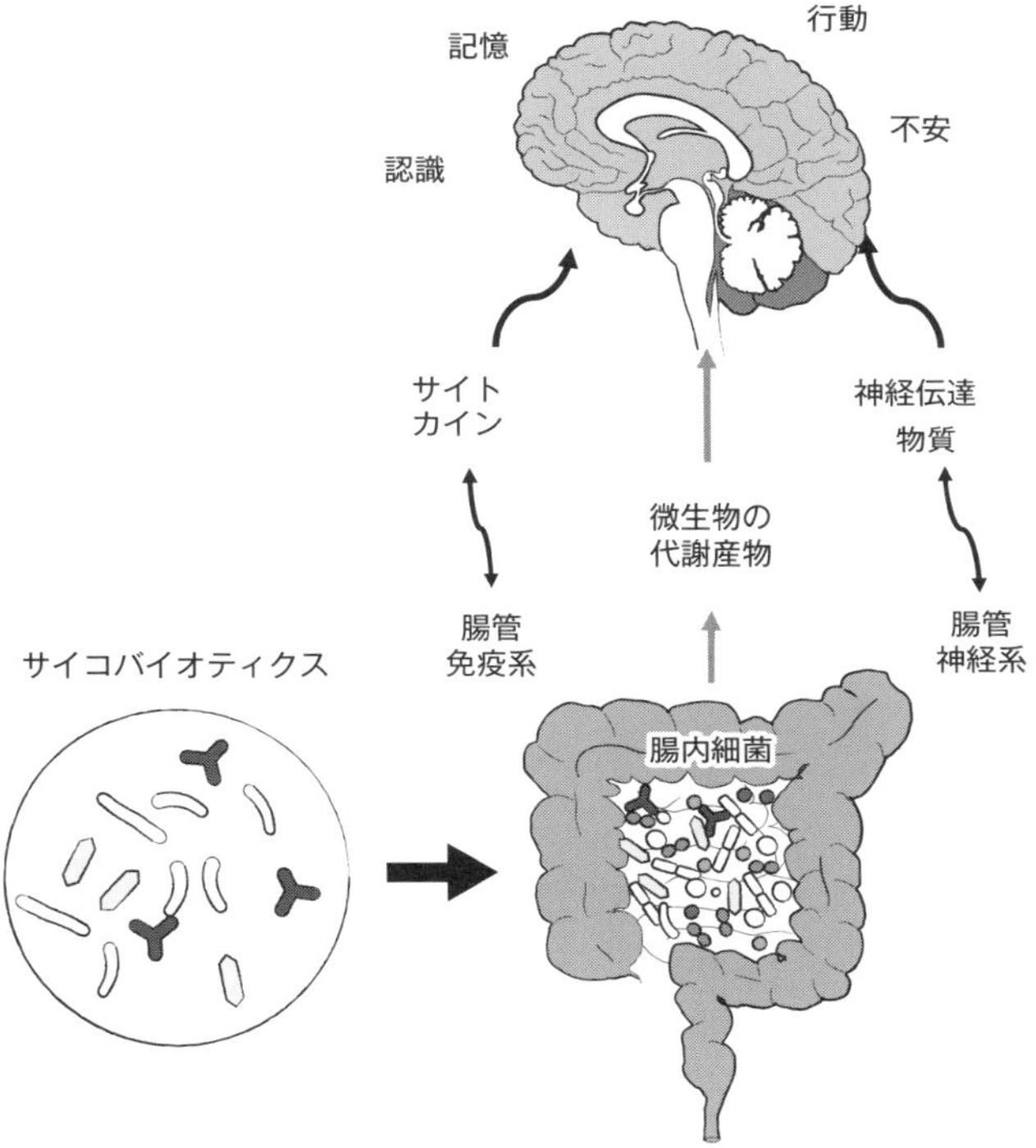

出所：Thakur AK & Tariq U, Trends Applied Sci Res, 14：70-79, 2019 より改変・引用

32 プロバイオティクスが作用するメカニズム

すでに述べたように、プロバイオティクスはさまざまな疾患の予防や症状の改善作用が期待されています。主な作用メカニズムは、各疾患における腸内フローラ、および腸内環境の異常を改善することによる間接的な作用と考えられます。さらに現在では、いくつかの異なる他の作用メカニズムが考えられています。

プロバイオティクスの免疫調節作用に関する基礎的な研究で、1980年代初頭に始まるヤクルト中央研究所の研究者らが取り組んだ内容が大きく貢献しています。彼らは、典型的なプロバイオティクス菌株である前述したLcSを用い、主にマウスやラットにおけるがん、アレルギーおよび自己免疫疾患の実験モデルで、LcSの免疫調節作用を明らかにしました。

細胞内寄生細菌と呼ばれている一群の病原細菌群が存在します。結核菌、サルモネラ菌、およびリステリア菌は代表的な細胞内寄生細菌として、私たちの初期生体防御の主役の一つである貪食細胞（創傷などにより生体内に侵入した微生物を速やかに該当部位に遊走し、微生物を貪食して殺菌し、ついには消化する好中球やマクロファージなどの自然免疫系細胞）の貪食・殺菌能に抵抗性を示すばかりか、これらの細胞に取り込まれた後に、内部で増殖して生き残る戦略を獲得している手ごわい病原細菌です。

細胞内寄生細菌の特徴の一つとして、分厚い細胞壁（細胞を囲む殻のような構造で、化学的にはペプチドグリカンと呼ばれる糖鎖がアミノ酸で架橋される立体的な層状構造）を持ち、貪食細胞が菌を溶かすための酵素（細胞壁溶解酵素）の作用に抵抗性を示します。

私の初期の研究テーマであった「乳酸桿菌の生体防御活性化作用」において、貪食細胞の細胞内消化作用に

プロバイオティクス（LcS）の免疫調節作用の作用メカニズム

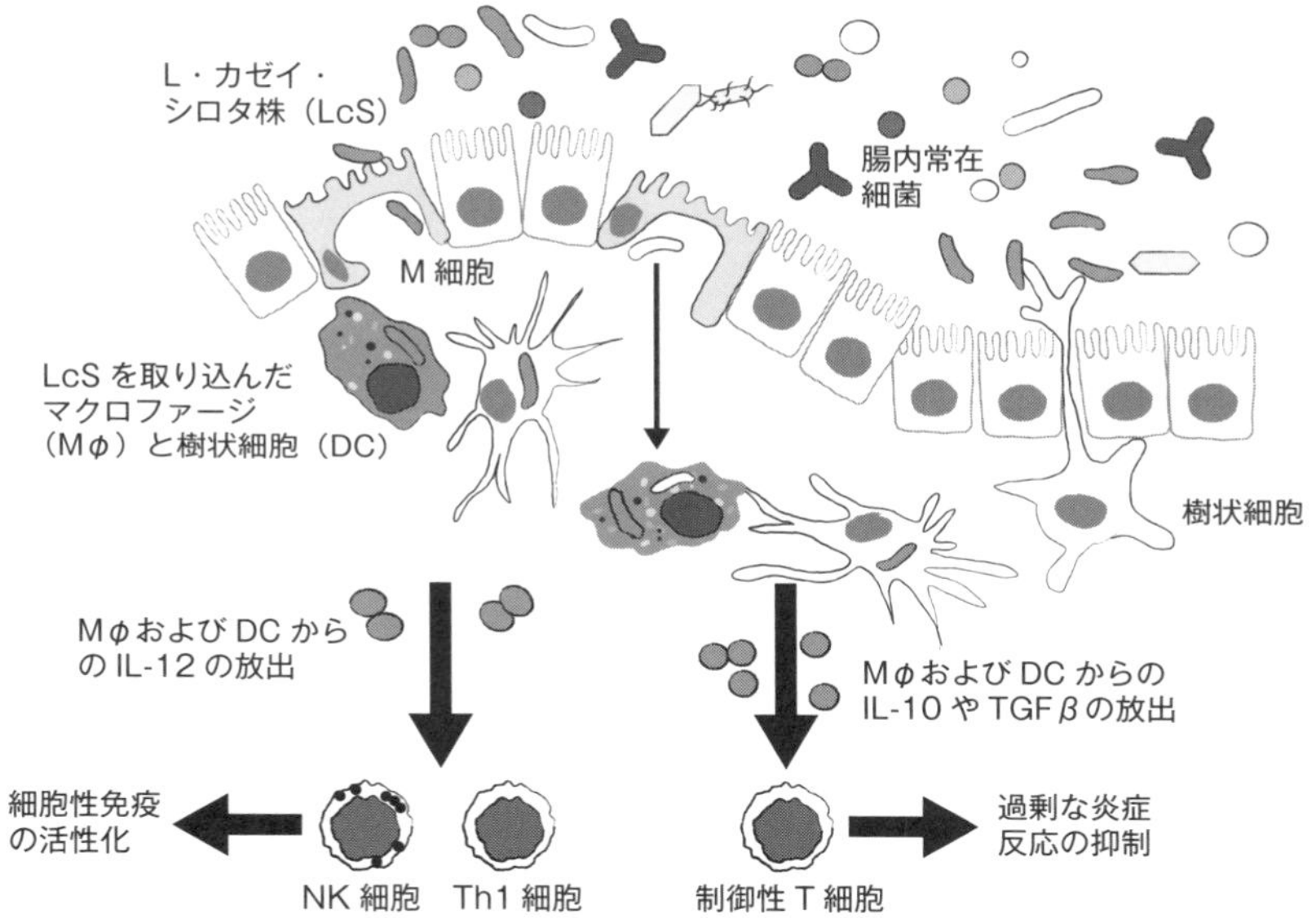

出所：Shida K et al., Gut Microbes, 2: 109-114, 2011より改変・引用

対する乳酸桿菌の抵抗性は、調べた多くの乳酸菌株ごとに顕著な差異があること、さらに貪食細胞の消化作用に対する抵抗性の強弱が乳酸菌による免疫賦活作用の強弱とよく相関することを見出しました。

貪食細胞の細胞壁溶解酵素の作用に、強度に抵抗性を示す（溶かされにくい）ＬｃＳのような菌株が病原性かというと、菌は溶かされないものの貪食細胞内で殺菌されるか、殺菌されずとも増殖することはないため過度の免疫刺激作用は起こさず、病気を起こすこともありません。

以上の事実を踏まえ、現在ではＬｃＳの免疫調節作用は次のように理解されています[131]。私たちの免疫系は、主に自然免疫系と獲得免疫系とから構成されていますが、ＬｃＳはマクロファージや樹状細胞などの自然免疫系細胞に作用し、これらの細胞によるＩＬ－12、ＴＮＦ－α、ＩＬ－10などさまざまなサイトカインの産生を促進します。特にＩＬ－12とＩＬ－10は、獲得免疫系の免疫反応方向性に大きな影響を与える代表的なサイトカインです。

マウスのマクロファージ（Ｍφ）を試験管内で培養

し、これをさまざまな乳酸菌で刺激すると、乳酸菌の菌株に応じて、Ｍφによるサイトカインの産生誘導パターン（ＩＬ－12およびＩＬ－10の産生比率）が異なることがわかりました。中でも、ＬｃＳはＩＬ－12産生を強く誘導し、ＩＬ－10産生誘導はわずかであるという特徴を示します。実際にマウスにＬｃＳを投与すると、血清中に高いレベルのＩＬ－12が検出されます。

　ＬｃＳはＭφに貪食され、Ｍφ内の消化作用に強い抵抗性を示します。そして、菌体細胞壁のＭφ活性化構造が維持されることにより、Ｍφを持続的に刺激することで強いＩＬ－12産生誘導作用を発揮することが示されています。一方で、ＬｃＳを他の細菌や菌体成分と一緒にＭφに作用させると、ＬｃＳはＩＬ－12高誘導型からＩＬ－10高誘導型に性質を変えることもわかっています。

　以上のＬｃＳの免疫調節作用は、生菌のみならず死菌でも発揮されることが明らかになっています。したがって、免疫・生体防御の観点から言えば、プロバイオティクスの作用は必ずしも生菌でなくても発揮されると言えます。たとえば、腸管の上皮や粘液分子への接着性が強い菌株は、特有の接着分子を保有しており、この接着分子（アドヘシンと総称されている）が十分に発現されていれば死菌としても接着を介する保健作用を発揮できる可能性があります。

　乳酸桿菌やビフィズス菌の多くは、接着性は必ずしも強くはありませんが、中には固有の接着分子を介した生体への接着性を発揮する菌種や菌株があります[132]。たとえば、通常は病原因子として知られている繊毛構造を持つものがあり、これが当該株の有用性に関与することを示す実験結果があります。

　乳酸桿菌やビフィズス菌の免疫調節作用で、菌体の細胞外多糖（extracellular polysaccharides：ＥＰＳ）の関与が示唆されています[133]。私たちのグループは、ＬｃＳの自然免疫賦活化作用において、ＬｃＳの細胞壁表層の構成成分である多糖体が重要な役割を果たすことを明らかにしました[134,135]。すなわち、ＬｃＳの菌体から細胞壁表層の多糖体（ＰＳ－ＰＧ）を抽出し、これをポリスチレン微粒子の表層に結合させたものがＬｃＳ菌体と同等の細胞性免疫賦活作用を発揮することを見出したのです。

L・カゼイ・シロタ株の表層多糖（PSPG）を結合させた微粒子

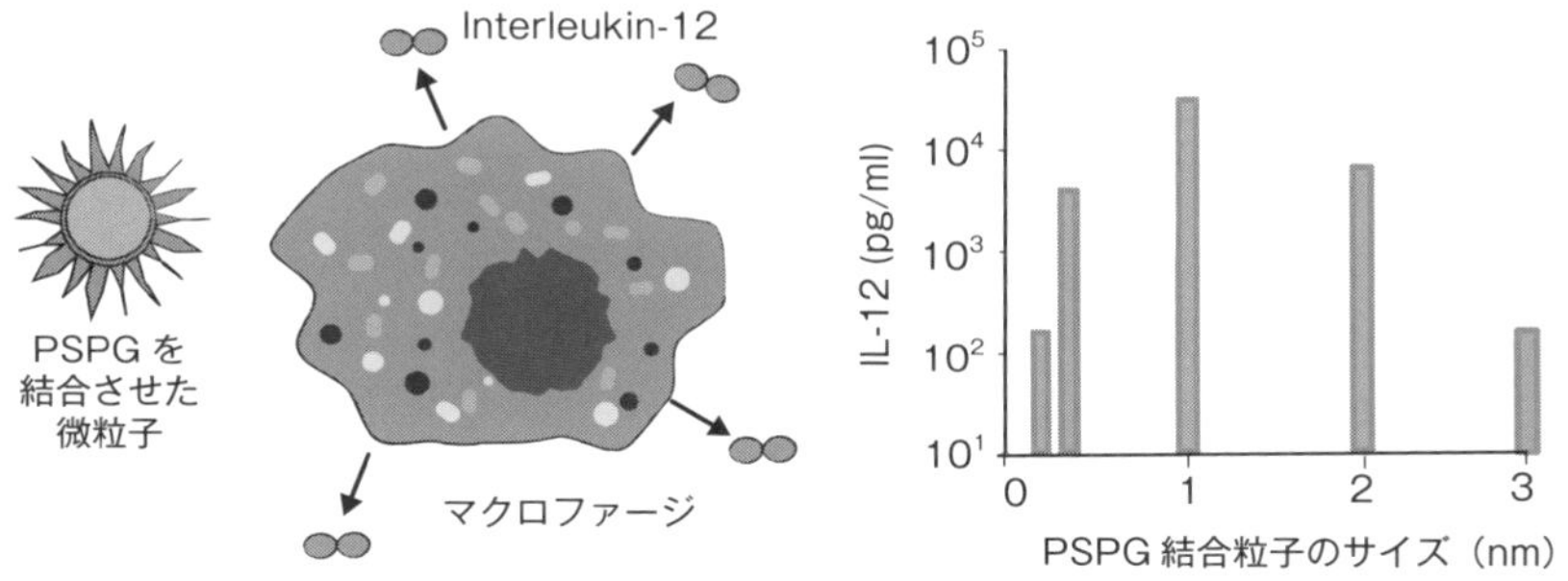

出所：Nagahama K, et al, Langmuir, 31: 1489-1495, 2015およびNagahama K, et al, Bioconjug Chem, 26, 1775-1781, 2015より改変・引用

さらに、北里大学薬学部微生物学教室の先生方との共同研究により、細胞壁表層多糖がうまく合成できなくなるように遺伝子操作されたL・カゼイ変異株は、オリジナル菌株に認められる強力な自然免疫活性化作用をまったく示さないことが明らかとなりました[136,137]。この自然免疫活性化能を欠失している乳酸菌の遺伝子変異株は、「トランスポゾン挿入遺伝子変異株」のライブラリ（多数の変異株の集まり）を作成して、その中から選抜されたものです。

トランスポゾン挿入変異による遺伝子変異株の選抜は、大腸菌のようなグラム陰性菌ではポピュラーな方法ですが、乳酸桿菌やビフィズス菌のような分厚い細胞壁を持つグラム陽性菌では変異株の取得効率が悪いのです。担当の伊藤雅洋助教（北里大学薬学部）の超人的とも言える実験の繰り返しにより、見事に目的が達成されました。

ＥＰＳの構造やサイズは菌種や菌株で異なり、ＥＰＳがどのように免疫系に認識されているかというポイントは、今後のプロバイオティクスによる免疫調節作用に関する研究の課題と考えられます。

33 有用菌の機能をさらに高めるシンバイオティクス

前述したように、ビフィズス菌などの有用菌（プロバイオティクス）に選択的に利用され、代謝や増殖を促進するオリゴ糖などの難消化性多糖をプレバイオティクスと呼んでいます。さらに、プロバイオティクスとプレバイオティクスを組み合わせて用いることはシンバイオティクスと言われます[138]。特に消化器外科、救命救急、小児外科（新生児外科）などの領域でシンバイオティクスの臨床研究が進んでいます。

これらの領域の重症患者では漏れなく、基礎となる疾患に加えて治療中の感染性合併症が大きな問題となります。その発生母地としての腸内フローラの乱れを制御することで、発症が食い止められないかという考え方です。国内では、まず消化器外科領域でのシンバイオティクス利用の試みが１９９０年代終わりにスタートしました。以降、ほぼ20年間にわたり、名古屋大学医学部腫瘍外科のグループによりシンバイオティクス（乳酸桿菌、ビフィズス菌およびオリゴ糖の組合せ）の消化器外科手術（特に肝胆膵領域）後における、感染性合併症の発症予防に関する先駆的な臨床研究が実施されてきたのです[139]。

私は、名大の先生方による臨床研究の開始時から、微生物学的解析を担当しました。その結果、シンバイオティクスの有効性、すなわち患者の乱れた腸内フローラの改善、および感染性合併症の発症予防が明らかとなり、数々の学術報告につなげることができました。

現在では多くの臨床機関で、術後感染症予防のためのシンバイオティクスの利用が広がっています。救命救急領域でも、重症患者における腸炎や人工呼吸器関連肺炎の予防に、腸内フローラの大きな乱れを改善するためのシンバイオティクスの投与が有効であること

プロバイオティクス菌数、アシネトバクター菌数、腸内酢酸濃度、pH の相関関係

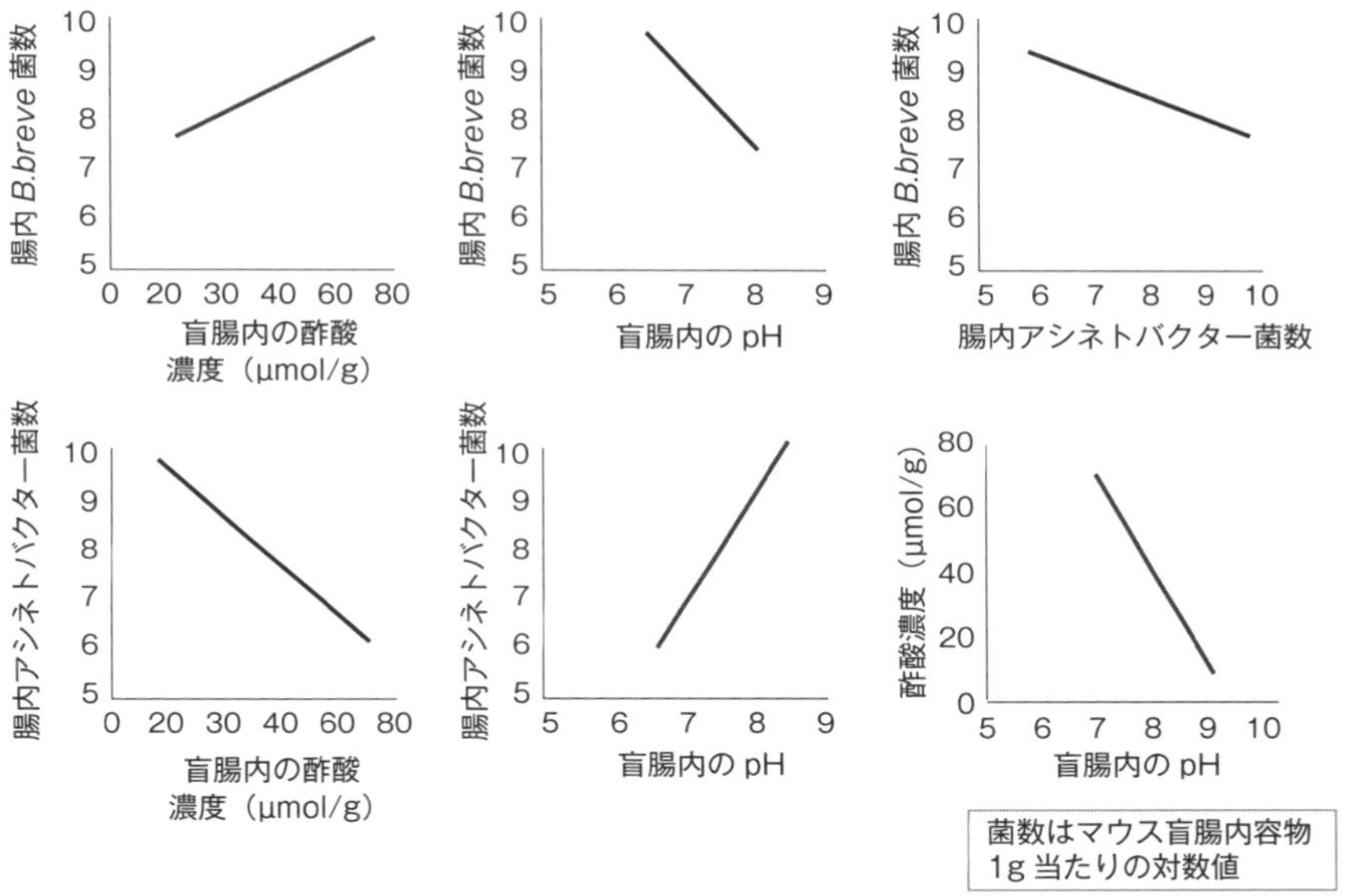

出所：Asahara T, et al. , AntimicrobAgents Chemother, 60:3041-3050, 2016. より改変・引用

食道がん手術前のシンバイオティクス摂取によるバクテリアルトランスロケーション（BT）の抑制

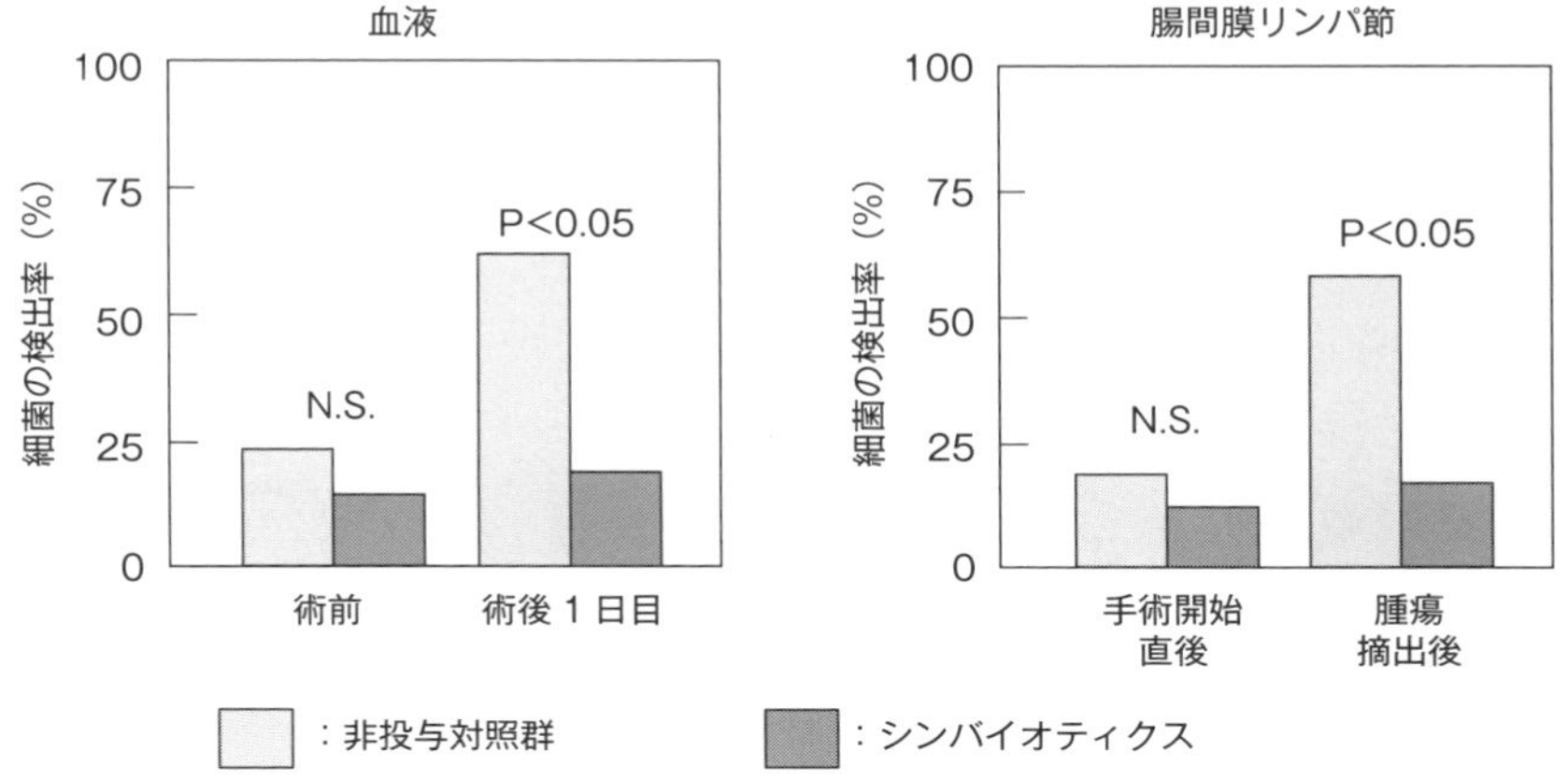

出所：Yokoyama et al., Br J Surg , 101: 189-199, 2014 より改変・引用

を示す研究結果が得られています[140]。

日本の多くの臨床機関で、さまざまな職種（医師、看護師、栄養士、臨床検査技師、薬剤師など）が横断的に協力する栄養サポートチーム（nutrition support team：ＮＳＴ）による患者の栄養管理改善策の一環として、シンバイオティクスやプロバイオティクスを導入する動きが増えています。海外でも２０１６年の米国の集中治療学会・栄養学会のガイドラインで、臨床研究の証拠に基づくプロバイオティクスの使用について限定的ではありますが推奨されています[141]。

シンバイオティクスの感染防御作用のメカニズムとして、たとえば食道がん患者における術中のバクテリアルトランスロケーションが、術前のシンバイオティクス（ラクトバチルス・カゼイ＋ビフィドバクテリウム・ブレーベ＋ガラクトオリゴ糖）摂取により有意に抑制されることが報告されています[142]。さらに、食道がんの抗がん化学療法の副作用である下痢や好中球減少が、シンバイオティクスによって軽減されることも明らかになっています[143]。

シンバイオティクスの一方の要素である、プロバイオティクスによる腸内フローラや環境の改善と免疫調節に加えて、他方の要素であるプレバイオティクスであるオリゴ糖による腸内常在性ビフィズス菌の活性化が期待されます。シンバイオティクスの感染防御作用で、侵襲度の高い外科手術や多剤抗生剤処理による極度のディスビオーシス（体調変化などにより腸内細菌が引き起こす異常）が誘導された腸内フローラを、補完するように投与されたビフィズス菌が腸内優勢菌となって定着します。そして、同時に投与されたオリゴ糖を特異的に利用することで、その代謝産物としての酢酸を主体とする有機酸が腸内環境の維持に働き、腸管バリアの維持やＢＴの予防に働く結果、これに基づく感染性合併症を抑制する作用メカニズムが示唆され

一口メモ

NSTは、医療施設において異職種のスタッフ（医師、看護師、薬剤師、管理栄養士、臨床検査技師、リハビリテーションスタッフ、ソーシャルワーカーなど）による、患者の効果的な栄養管理を目的としたチーム活動を言います。すでに多くの病院で稼働しています。

多剤耐性アシネトバクター・バウマニに対するプロバイオティクスの感染防御作用

抗菌剤＋アシネトバクター・バウマニ（　）

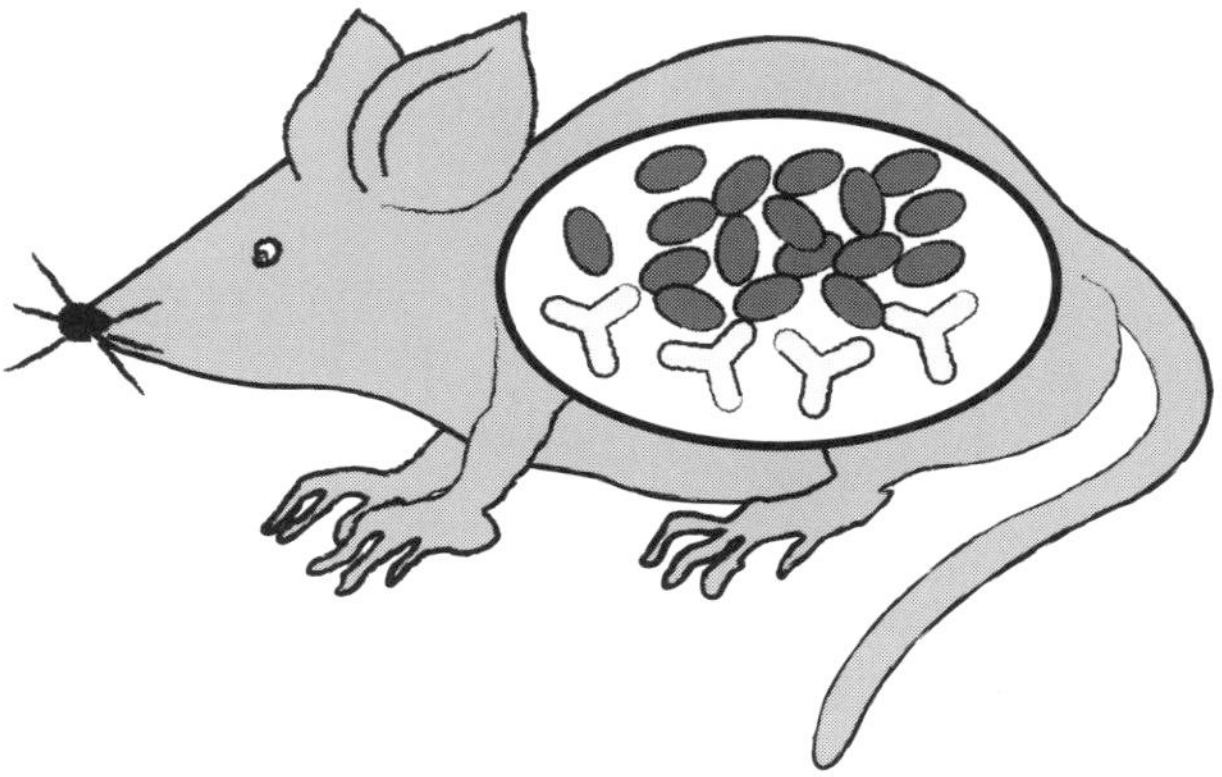

◯腸内の *A. baumannii* の異常増殖
◯腸管上皮バリアの破綻
◯全身的な感染症への移行
◯腸内 pH の上昇、酢酸濃度の低下

抗菌剤＋アシネトバクター・バウマニ
＋ビフィズス菌（　）＋ガラクトオリゴ糖

◯腸内の *A. baumannii* の増殖抑制
◯腸管上皮バリアの維持
◯全身的感染症の阻止
◯腸内 pH の低下、酢酸濃度の上昇

ています。

私たちのグループは、多剤耐性菌の腸管感染症に対するシンバイオティクスの感染防御作用において、シンバイオティクスよる腸内環境改善作用がきわめて重要な役割を果たしていることを、多剤耐性菌であるアシネトバクター・バウマニ（*Acinetobacter baumannii*：A・バウマニ）のマウス腸管感染モデルを用いて、明らかにしました[144]。複数の異なる種類の抗生剤を投与されたマウスの腸内では、前述したCR能が低下しているため、少量のA・バウマニ菌を飲ませただけで腸内で増殖し、定着してしまいます。

この状態のマウスに、やはり抗菌剤に自然耐性を有しているプロバイオティクス（ビフィドバクテリウム・ブレーベ）とオリゴ糖を合わせて与えると、A・バウマニ菌の腸内定着レベルは顕著に低下し、A・バウマニ菌による全身的な感染能も弱めることができました。このシンバイオティクスの感染防御作用のメカニズムとして、投与されたビフィズス菌が腸内で産生する酢酸の濃度が、きわめて重要な働きをしていることを示唆する結果が得られています。

一口メモ

A・バウマニは、グラム陰性桿菌、土壌など自然環境中に広く分布します。多剤耐性となったA・バウマニはMDRAB（Multidrug-Resistant *Acinetobacter baumannii*）と呼ばれ、院内感染を起こして問題となっています。

シンバイオティクスの臨床研究はあちこちで進んでいるんだ

第5章

腸内フローラを構成する細菌群を知ろう

34 ビフィズス菌の機能と特徴

ビフィズス菌は、ヒトの腸内で最優勢の嫌気性菌群の一種です。前出のメチニコフ博士と同時代に、パリのパスツール研究所附属病院に小児科医として勤務していたティシエ博士（Henri Tissier）は、小児便からビフィズス菌を発見しました。食事治療にビフィズス菌の培養液を処方していたことが知られています。すなわち、プロバイオティクスの臨床応用の先駆者と言っていいでしょう。

ビフィズス菌はさまざまな哺乳類の腸内に生息していることが知られており、ミツバチのような昆虫からも分離されます。ヒトの腸内から分離されるビフィズス菌（ビフィドバクテリウム属：B）の種類は、B・アドレセンティス、B・アンギュラタム、B・ビフィダム、B・ブレーベ、B・カテニュラタム、B・フェカーレ（*B.faecale*）、B・カシワノヘンス（*B.kashiwanohense*）、B・インファンティス、B・ロンガム、B・シュードカテニュラタムの9菌種2亜種であると報告されています[145]。

日本、オランダ、チェコの乳幼児の糞便に含まれる菌種を解析した結果から、世界共通で乳幼児が持つ主要なビフィドバクテリウム属の菌種は、B・インファンティス、B・ブレーベ、B・ロンガム、B・ビフィダムであることが示されています。一方で成人では、B・アドレセンティス、B・カテニュラタム、B・シュードカテニュラタムなどの菌種が高頻度に検出されます。

上述した乳児のビフィズス菌種は、母乳に含まれるオリゴ糖を代謝する能力に優れていることから、乳幼児に高率に定着していると考えられています。したがって、プロバイオティクスとして利用される菌種につ

ビフィズス菌によるオリゴ糖の利用機構

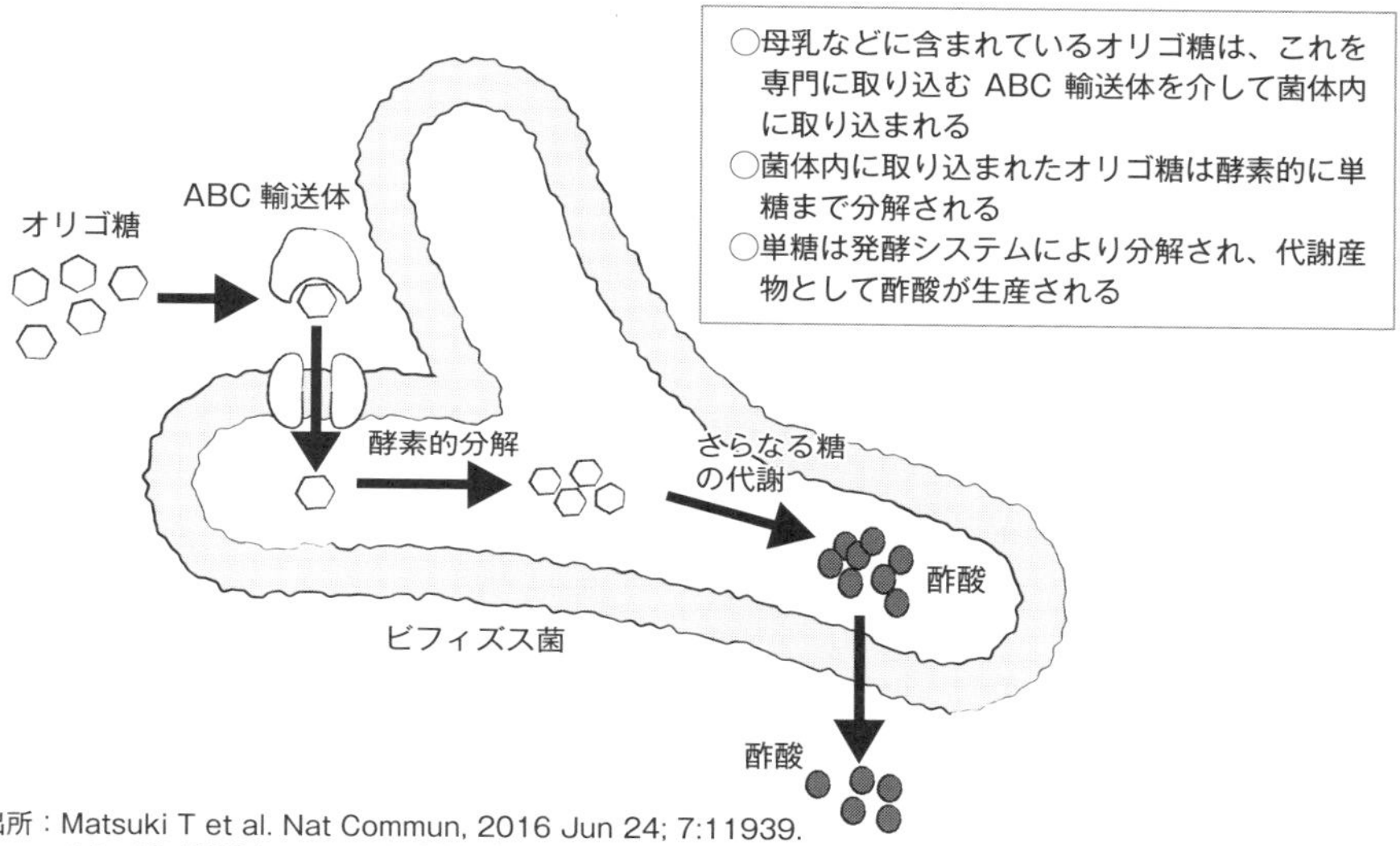
○母乳などに含まれているオリゴ糖は、これを専門に取り込む ABC 輸送体を介して菌体内に取り込まれる
○菌体内に取り込まれたオリゴ糖は酵素的に単糖まで分解される
○単糖は発酵システムにより分解され、代謝産物として酢酸が生産される
オリゴ糖
ABC 輸送体
酵素的分解
さらなる糖の代謝
酢酸
ビフィズス菌
酢酸

出所：Matsuki T et al. Nat Commun, 2016 Jun 24; 7:11939. doi：10.1038/ncomms11939. より改変・引用

いても、上記に示したものかあるいはその組合せが多いようです。

ビフィズス菌の発酵特性は、酢酸と乳酸の両方を産生することです。私たちのグループでは、腸管出血性大腸菌Ｏ１５７のマウス感染モデルで、ビフィズス菌の感染防御作用を報告しました[146]。この実験は、ビフィズス菌を経口的にマウスに投与し、効果を確認するものです。複数のビフィズス菌種を検討したところ、投与後マウスの腸管への定着レベルが同程度であっても、腸管で有機酸（特に酢酸）産生性の強い菌株の方が、強力な感染防御作用（Ｏ１５７の増殖や毒素産生を抑制）を発揮することを見出しました。

この研究をさらに発展させる形で、慶應義塾大学福田真嗣特任准教授らはマウスのＯ１５７感染モデルにおけるビフィズス菌株間の感染防御作用の差について、ビフィズス菌による酢酸産生の栄養源となる果糖の取り込み作用が感染防御作用の強さと関連していることを明らかにしています[147]。

35 フィーカリバクテリウム・プラウスニッツィは腸内フローラのメジャー菌種

フィーカリバクテリウム・プラウスニッツィ（*Faecalibacterium prausnitzii*：F・プラウスニッツィ）と読むこの菌種は、きわめて多様な腸内フローラの最優勢嫌気性菌群の中でも占有レベルが抜群に高く、腸内有用菌の代表格として知られています。腸内フローラのファーミキューテス門を構成する最優勢の２グループであるクロストリジウム・レプタム（*Clostridium leptum*：C・レプタム）・サブグループ（ⅣクラスターＩ）、およびC・コッコイデス（*C.coccoides*）グループ（ⅩⅣａクラスター）には多くの酪酸産生細菌が含まれますが、F・プラウスニッツィ菌はC・レプタム・サブグループに属し、酪酸産生菌としての有用性について多くの報告があります[148,149]。

慢性炎症性腸疾患（ＩＢＤ）患者では、腸内のF・プラウスニッツィ菌数レベルが低下していることが知られています[150]。ＩＢＤは、文字通り腸の炎症が続く病気です。健常の腸の免疫システムはこうした炎症が起きないような調節が働きますが、ＩＢＤ患者はこのシステムがうまく働かずに炎症が亢進するのです。

この炎症制御において、制御性T細胞という免疫細胞（Ｔｒｅｇ）が重要な働きをしていることが知られています。腸管では、酪酸産生菌により産生された酪酸が、このＴｒｅｇの分化誘導の促進に重要な役割を果たしていることも明らかとなっています[151,152]。

ただし、話はそう単純ではありません。ソン博士（Hang Song）らのグループは、アトピー性皮膚炎の患児の腸内に生息するF・プラウスニッツィ菌を、亜種レベルまで掘り下げて解析しました。健常児と比較するとアトピー患児では、６つのF・プラウスニッツィ菌亜種のうち特定種の腸内生息レベルが高いこと、さらにその亜種の菌株の酪酸産生能は、健常児由来の別の亜種の菌株に比べて低いことがわかったのです[153]。

酪酸による制御性T細胞の分化促進の基本的な作用メカニズム

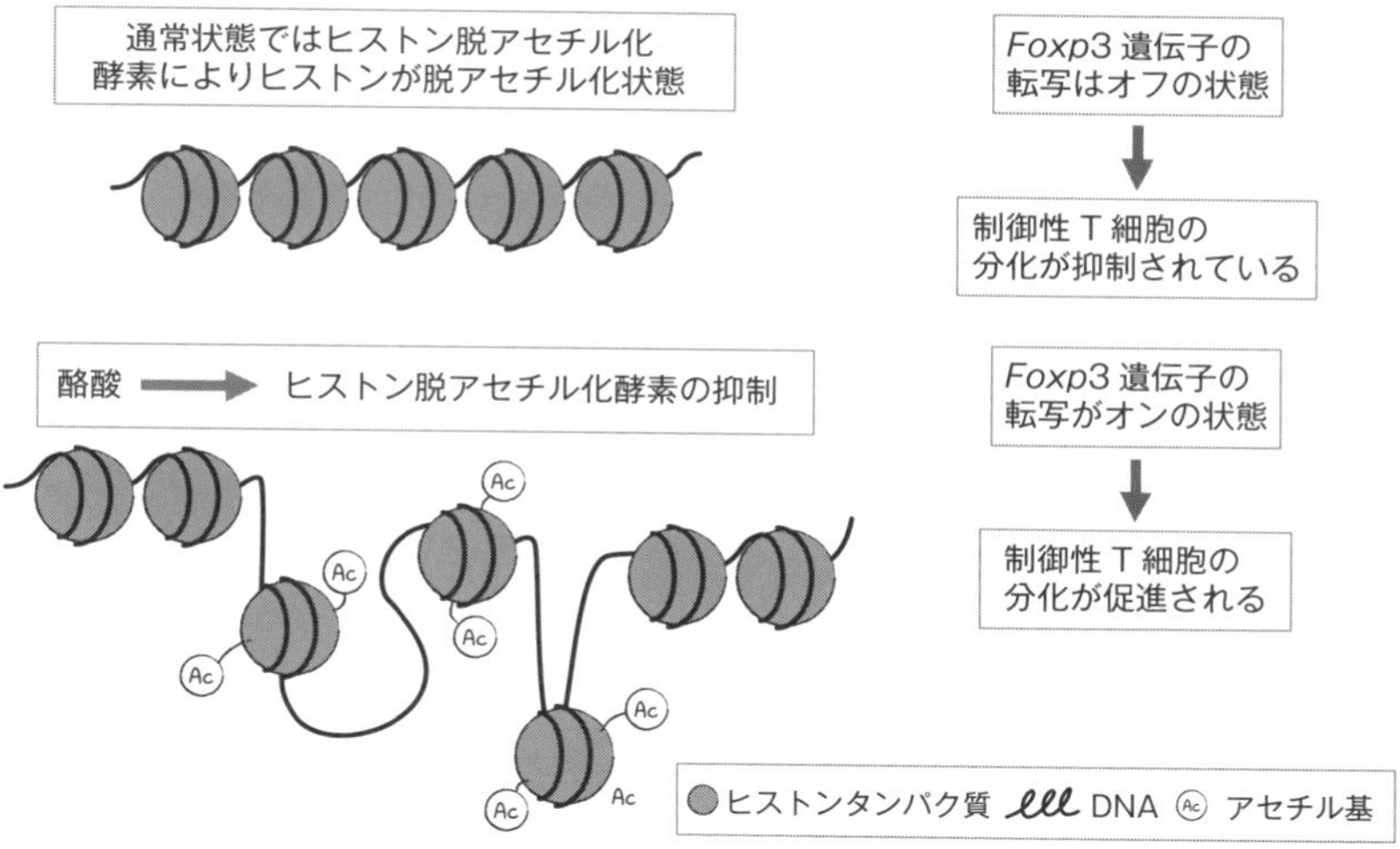

出所：https://ruo.mbl.co.jp/bio/product/epigenome/article/histone-modification.html より抜粋、改変・引用

最近では、F・プラウスニッツィ菌の次世代プロバイオティクスとしての可能性について、菌株レベルでの活性（酪酸産生、免疫調節）や抗炎症性分子の産生作用が調べられています[154,155]。プロバイオティクスの機能性が菌株レベルで評価されるように、腸内細菌の機能性も同様に掘り下げた機能解析が重要なようです。

コーヒーブレイク

Tregの分化誘導を規定する転写因子であるFoxP3の遺伝子領域は、ヒストンタンパクにきつく巻きついて結合し、遺伝子の転写はオフになっています。ヒストンタンパクにアセチル化という修飾を加えると、ヒストンタンパクとDNAの結合がゆるみ、転写因子DNAの発現スイッチがオンになってTregの分化誘導が進むのです。通常状態で免疫制御は不要なため、ヒストンタンパクのアセチル化を抑制するヒストン脱アセチル化酵素が働きますが、酪酸にはこれを抑える作用があります。したがって、結果的に酪酸はヒストンのアセチル化を促し、Tregの分化誘導を進めます。このような、環境因子としての酪酸が遺伝子の発現制御に関わる現象をエピジェネティック制御と呼んでいます。

36 ヒトの腸内細菌の5%を占めるアッカーマンシア・ムシニフィラ菌

アッカーマンシア・ムシニフィラ（*Akkermansia muciniphila*：A・ムシニフィラ）菌はグラム陰性の嫌気性菌で、ヒトの腸内細菌の総菌数の3～5％を占めると言われています。その名の由来は、この菌種が腸管上皮の粘液を栄養として利用できることに由来します。今世紀に入り、肥満やⅡ型糖尿病、高血圧、慢性炎症性腸疾患などさまざまな患者の腸内にいるA・ムシニフィラ菌数が減少していることが相次ぎ報告されました[154)]。メトホルミンという抗糖尿病薬の内服で、腸内のA・ムシニフィラ菌数が顕著に増加することは第21項で触れた通りです。

食餌性の肥満マウスにA・ムシニフィラ菌を投与することで、体重増加の軽減や脂肪組織の低減、インスリン抵抗性の改善などの有効性が認められています。その作用メカニズムとして、前出のカニ博士は腸内のグラム陰性菌が持つ、内毒素の体内侵襲が原因となる「代謝性内毒素血症」が、A・ムシニフィラ菌によって抑制される点が重要であることを示しています[155)]。

さらに、A・ムシニフィラ菌は死菌であっても、生菌と同等以上の効果を示すことが報告されました[156)]。菌体の膜から精製されたタンパク質画分による宿主の自然免疫系を介する抗炎症作用が明らかにされています。

この研究グループは最近、過体重でインスリン抵抗性の成人を対象に試験を行っています。予備的なヒト試験では、低温殺菌されたA・ムシニフィラ死菌体の摂取によるインスリン抵抗性の軽減や、末梢血の肝機能および炎症マーカーの改善が認められたと報告しています[157)]。

腸内菌叢の乱れに基づく代謝性内毒素血症の誘導と抑制

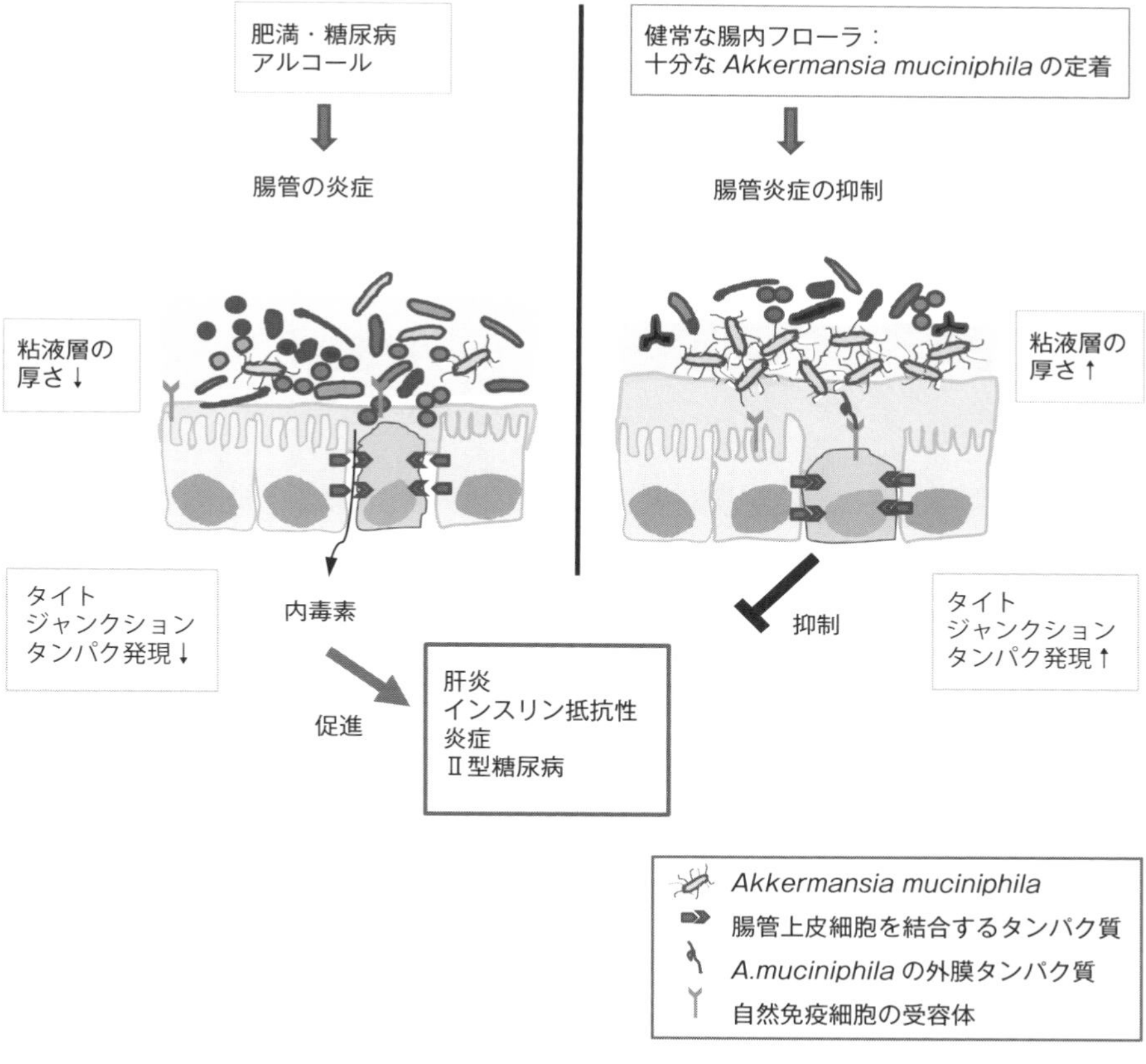

出所：Cani PD &de Vos WM, Front Microbiol. 2017 Sep 22;8:1765 より改変・引用

37 口腔から腸内までの細菌叢を構成する優勢菌 バクテロイデス・フラジリスGとプレボテラ

腸内グラム陰性の嫌気性桿菌の代表とも言えるこの群には、バクテロイデス・フラジリス（*Bacteroides fragilis*：B・フラジリス）、B・オバタス（*B.ovatus*）、B・テタイオタオミクロン（*B.thetaiotaomicron*）、B・ブルガータス（*B.vulgatus*）、B・ユニフォルミス（*B.uniformis*）などの菌種が含まれます。総菌数として、便1g当たり10^{10}個のレベルで生息する最優勢菌群の一種です。

B・テタイオタオミクロンは、腸管上皮の粘液ムチンを分解して栄養として利用することができますが、一方でマンナンやペクチンなど植物性の難消化多糖類を利用する働きなども報告されています[158,159]。

同グループの菌種は、いずれも嫌気性菌感染症の起因菌として臨床的に問題となる可能性がありますが、一方で限られた菌株には腸管免疫応答や炎症反応を制御する働きも報告されています。たとえば、B・フラジリスＮＣＴＣ９３４３という菌株はマウスの腸炎実験モデルで腸炎を軽減しますが、この作用メカニズムとしてＮＣＴＣ９３４３株が産生する菌体外多糖による免疫制御作用が重要と報告されています[160]。

プレボテラ菌はB・フラジリスグループとともに、腸内フローラのバクテロイデーテス門を構成する主要な細菌属です。高タンパク・高脂肪食の傾向がある欧米系住民ではバクテロイデスが多く、食物繊維を多く摂取するアジア系住民の腸内にはプレボテラが多く検出される傾向があります[161]。

プレボテラ・コプリ（*Prevotella copri*：P・コプリ）はプレボテラ菌群の主要な菌種で、関節リウマチ（ＲＡ）の発症に関与することが示唆されています。自己免疫疾患であるＲＡの発症に、P・コプリの免疫系を介する関与を示す報告があります[162)]。さらに、P・コプリの菌株レベルでの作用の多様性も報告され、菌種レベルで善悪を判断するのは難しそうです[163)]。

日本人では、他のほとんどの腸内細菌群が対数正規分布するのに対し、プレボテラ菌群の数（菌種としてP・コプリ）には多い・少ないの2峰性が認められます。今後は、腸内常在のプレボテラ菌の機能性を個別に調べることも必要になるでしょう。

バクテロイデス・フラジリス菌

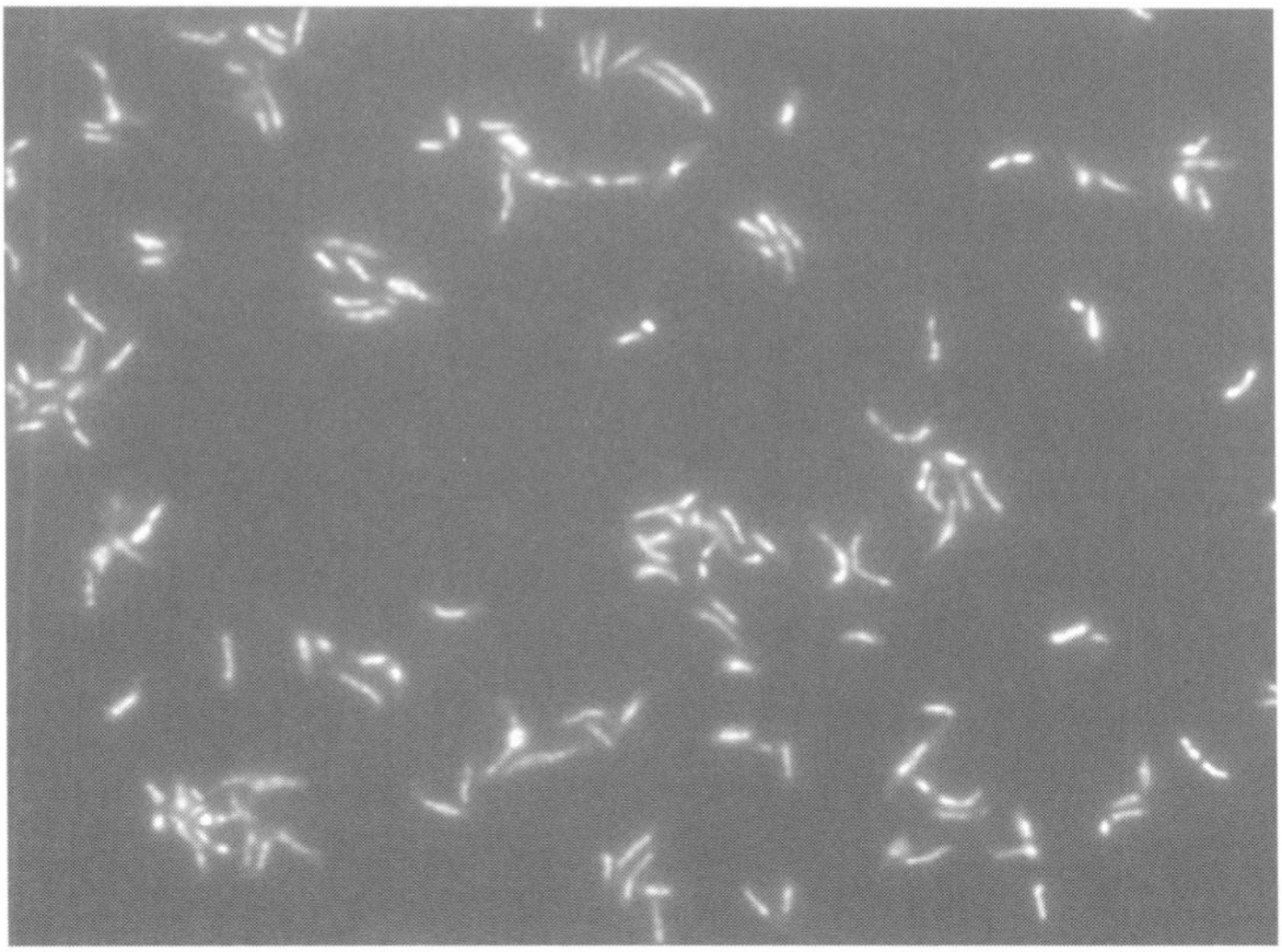

プレボテラ・コプリ菌

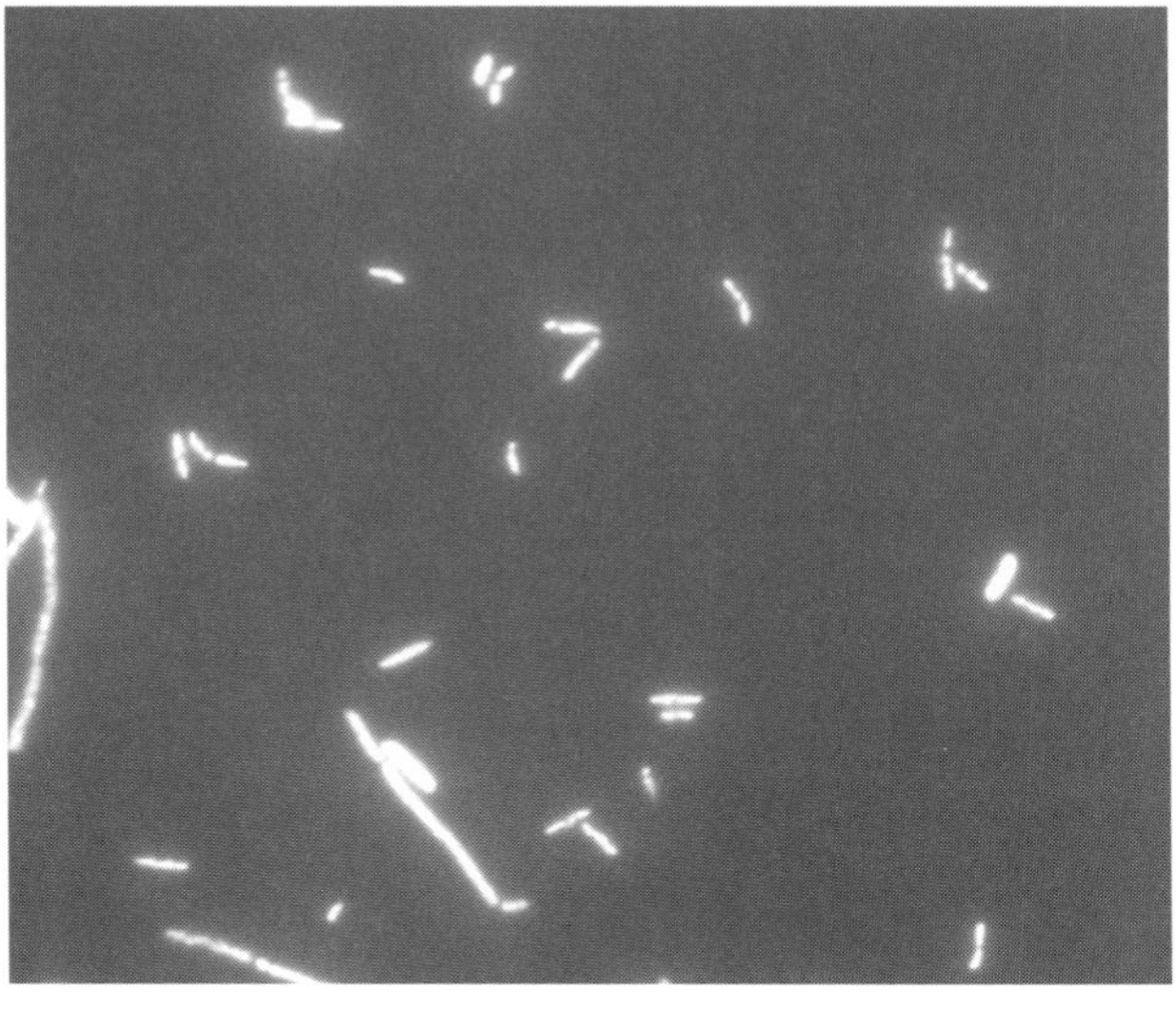

38 善悪取り混ぜ最も馴染みが深い大腸菌

「大腸菌」は、私たちに最も身近な細菌と言えます。分類学的には、「腸内細菌科」（Ｆａｍｉｌｙ）に属するグラム陰性桿菌です。この細菌群は通性嫌気性で、腸内生息レベルは概ね便1g当たり10^7と全体の1000分の1程度ですが、私たちの健康に密接な関係にあることがよく知られています。

大腸菌（エシェリヒア・コリ：*Escherichia coli*）は高率に検出されますが、このほかシトロバクター（*Citrobacter freundii, C.koseri*）、エンテロバクター（*Enterobacter cloacae*）、クレブシエラ（*Klebsiella oxytoca, K.pneumoniae*）、モルガネラ（*Morganella morganii*）など日和見感染の原因となる菌種も検出されます[164)]。これらのグラム陰性桿菌の病原因子として、その細胞壁外層に発現するリポ多糖体（内毒素）や運動性に寄与する鞭毛を発現しています。

食中毒菌として知られるサルモネラ菌や赤痢菌も腸内細菌科に属しますが、食中毒などの特殊事例以外、通常の腸内からは検出されません。ちなみに「大腸菌群」とは、上記した「腸内細菌科」菌群とは異なり、食品衛生的な概念に基づく用語で、大腸菌を含む乳糖を分解するグラム陰性の通性嫌気性桿菌を指します。

一方、興味深いことに、プロバイオティクスとして活躍する大腸菌株も知られています。エシェリヒア・コリ「Ｎｉｓｓｌｅ１９１７」という菌株は、第1次世界大戦下のドイツ軍兵士の便から、Ｎｉｓｓｌｅという名の博士が分離したものです。

周囲でコレラや赤痢が蔓延していたのに、この兵士はまったく健康でした。そこで博士は、兵士の腸内の大腸菌がコレラ菌や赤痢菌に対する競合性が強いという仮説の下に、この菌株を分離したのです[165)]。その後、実験で作用が確認され、現在はサプリメントとして販売されています。

さまざまな病原性大腸菌とその特徴

下痢原性大腸菌	病原性因子	下痢の特徴
腸管病原性大腸菌（EPEC, enteropathogenic *E. coli*）	III型分泌システム Intimin-Tir	サルモネラ腸炎型：急性胃腸炎 水様性便、発熱
腸管毒素原性大腸菌（ETEC, enterotoxigenic *E. coli*）	腸管毒素LT,ST cAMP, cGMPの上昇	コレラ型：脱水 （旅行者下痢症の原因菌）
腸管侵入性大腸菌（EIEC, enteroinvasive *E. coli*）	III型分泌システム 細胞侵入性	細菌性赤痢型：血液・粘液便
腸管出血性大腸菌（EHEC, enterohemorrhagic *E. coli*）	III型分泌システム ベロ毒素、タンパク質合成阻害	志賀赤痢型：血便 溶血性尿毒素症症候群の続発
腸管凝集性大腸菌（EAggEC, enteroaggrigative *E. coli*）	付着性線毛、腸管毒素：LT, ST	急性あるいは慢性の水様性便

一口メモ

私たちが健常な状態では免疫力により感染に至らない病原性の低い常在細菌が、免疫力が低下した状態で感染するようになり、体内で増殖して病気を引き起こします。このような、日和見感染症の発症を許す感染防止御能の低下した宿主を易感染性宿主と呼んでいます。

コーヒーブレイク

私たちの腸内に常在する大腸菌はほぼ無害ですが、中には強い病原性を持つものがあります。腸管出血性大腸菌は、菌の抗原性の違いによりO157やO111などの種類が知られています。赤痢菌の発見者である志賀潔博士にちなんで名づけられた志賀毒素という強力な毒素を産生し、これが腸管上皮の粘膜細胞に大きな障害を与えて下痢を発症させます。きわめて少量の感染菌数で食中毒を起こす点が特徴です。下痢にとどまらず、腎臓や脳などに致命的な症状をもたらすことがあります。現在でも毎年数百例もの患者が発生し、生や加熱不十分な牛肉の摂取、衛生管理の不良や、保菌者からの2次感染などによる集団発生が報告されています。

39 私たちの食生活に欠かせない乳酸菌

乳酸菌は、食生活を介して私たちと身近な関係にある細菌です。「乳酸菌」とは、生物学的な分類上の特定菌種を指すものではなく、炭水化物の発酵によって糖類から多量の乳酸を産生する菌群を示す一般的な呼称です。菌形から、乳酸桿菌（バチルス：bacillus）や乳酸球菌（コッカス：coccus）と呼ばれるグラム陽性の通性嫌気性菌群です。

ラクトバチルス（*Lactobacillus*）、ロイコノストック（*Leuconostoc*）、ペディオコッカス（*Pediococcus*）、ラクトコッカス（*Lactococcus*）、ストレプトコッカス（*Streptococcus*）、エンテロコッカス（*Enterococcus*）などの複数の菌属を含みます。中でも、メチニコフ博士が提唱したブルガリア菌はラクトバチルス（乳酸桿菌）であり、現在も圧倒的にプロバイオティクス菌株の大勢を占めている菌種が乳酸桿菌属です。

乳酸桿菌属に含まれる菌種は２６０種と報告されているほど多いのですが、この中でヒト腸内から主にラクトバチルス（Ｌ）・ガセリ、Ｌ・サリバリウス、Ｌ・ルミニス（*L.ruminis*）、Ｌ・カゼイ、Ｌ・パラカセイおよびＬ・ラムノサスなどの菌種が検出されます。成人腸内の菌数は便１ｇ当たり10^7個のレベルですが、高齢化に伴って増加する傾向が表れています[166,167]。

一方、成人女性の膣内に独特な菌叢が構築されています。その中の最優勢菌群は複数種の乳酸桿菌から構成されており、発見者（ドイツ人の婦人科医Albert Sigmund Gustav Döderlein，１８６０～１９４１）の名前にちなんでデーデルライン桿菌と呼ばれています。私たちのグループが日本人成人女性の膣スワブから検出される細菌群を解析したところ、最優勢菌群は乳酸

健常成人女性の膣内乳酸桿菌の構成

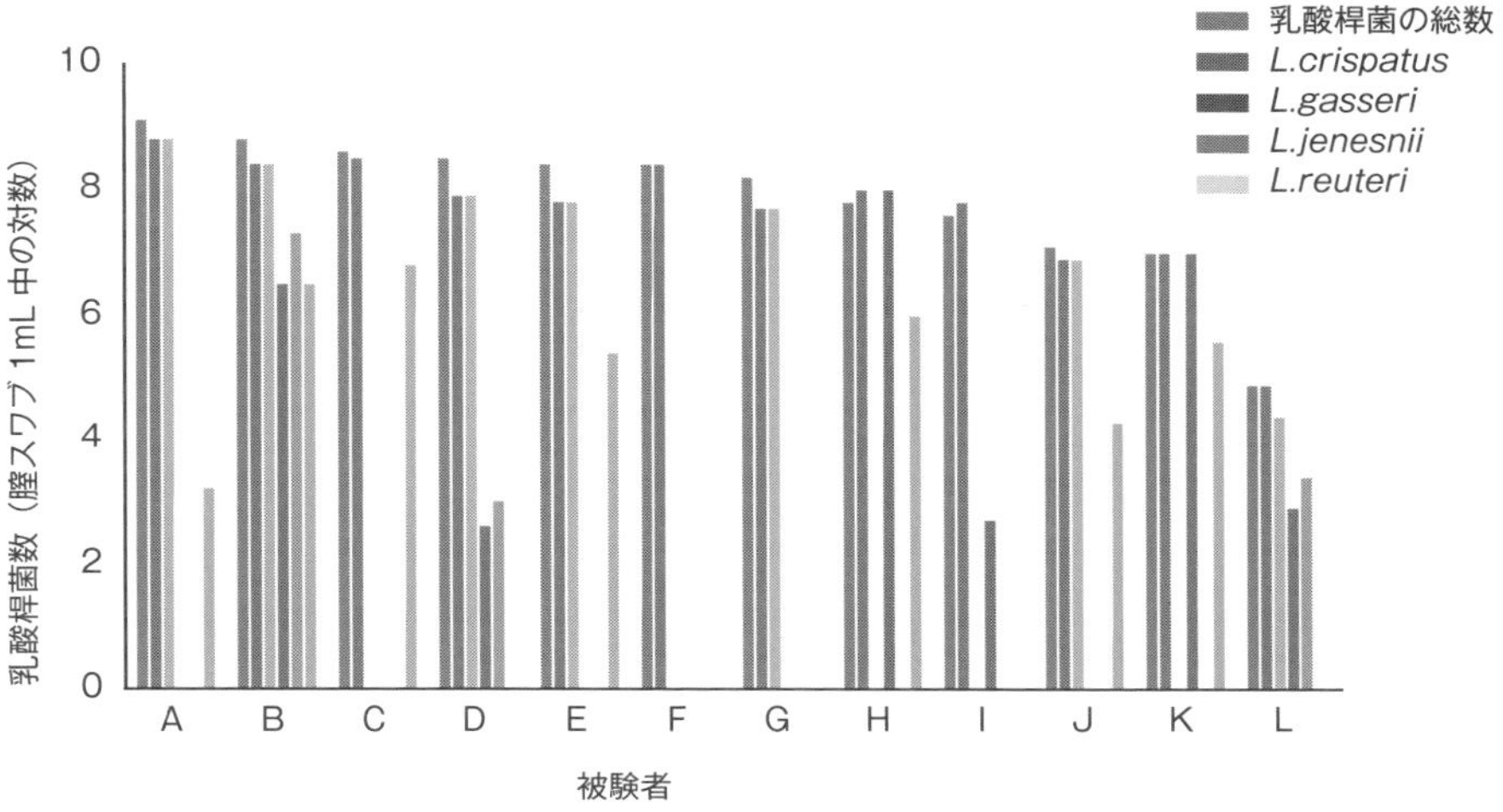

出所：Kurakawa T, et al., J Microbiol Meth, 111: 93-104, 2015より改変・引用

桿菌であること、また検出菌種としてL・クリスパタス（*L.crispatus*）、L・ガセリ、L・ジェンセニー（*L. jensenii*）、L・イナース（*L.iners*）にほぼ限定されることがわかりました[168]。この結果は、海外でこれまでに実施された研究報告でも同様です。

これらの乳酸桿菌は、膣内に剥離した膣上皮細胞に含まれているグリコーゲンを代謝して乳酸を産生することにより、膣内環境を酸性に保っています。膣内の日和見細菌として、ガードネレラ（*Gardnerella vaginalis*）、アトポビウム（*Atopovium vaginae*）、モビルンカス・クルティシイ（*Mobiluncus curtisii*）などの菌種が特徴的です[165]。これらの細菌は、細菌性膣炎などの疾患の原因となることが知られています。

さまざまな発酵食品を介して私たちの食生活に定着している乳酸菌ですが、その中で「植物性乳酸菌」という言葉をよく耳にします。必ずしも正式な分類に基づいた用語ではありませんが、岡田早苗教授が提唱して広まりました[169]。これはブルガリア菌のように、乳製品の発酵に寄与する乳酸菌を「動物性乳酸菌」と呼び、一方で野菜や果物、穀物、豆類など植物の発酵に主体的に寄与する乳酸菌を「植物性乳酸菌」としようという定義です。

乳酸菌は、さまざまな炭水化物源から、発酵という嫌気的システムを使って栄養を得ています。ただし、「植物性乳酸菌」と「動物性乳酸菌」とでは栄養源が異なるため、それに特化した代謝システムを使用していると考えられます。

植物性乳酸菌の代表的な菌種にL・プランタルム（*L.plantarum*）、L・ファーメンタム（*L.fermentum*）、L・ブレビス（*L.brevis*）、L・ペントーサス（*L.pentosus*）などが知られています。また、ブルガリア菌（*L.delbrueckii subsp. bulgaricus*：L・デルブリッキィ亜種ブルガリクス）やL・パラカセイやL・ラムノサスなどは動物性乳酸菌の代表的な菌種でしょう。

なお、本書を執筆している最中に、ラクトバチルスの新しい分類結果が報告されました[170)]。２６５種にも及ぶ乳酸桿菌の菌種が、新たに25の属に再分類されたのです。既存プロバイオティクス乳酸桿菌の新菌属名はほとんどLで始まり、〝L・XXX〟と表記します。なおかつ菌種名はそのままですので、略名に変化はありません。

Lは菌属名の略で、通常は*Lactobacillus*が多いんだ ちなみに*rhamnosus*は菌種名で、XYZは菌株名だね
L.rhamnosus XYZ

出所：ISAPP HP より抜粋・引用
https://4cau4jsaler1zglkq3wnmje1-wpengine.netdna-ssl.com/wpcontent/uploads/2020/04/Lactobacillus_consumer_2020-1.pdf

乳酸桿菌（*Lactobacillus*）の分類の経緯と新規な菌属名

乳酸桿菌（*Lactobacillus*）の分類の経緯

1901	*Lactobacillus* の最初の記述
1935	*L.casei* シロタ株の開発・上市
1975	35種に分類される
1982	16SrRNAのDNA配列に基づく分類の開始
1983	*L.rhamnosus* GG株の分離
1995	67種に分類される
2003	*L.plantarum* WCFS株の遺伝子配列の解明
2005	147種に分類される
2015	メタゲノム解析に基づく分類
2015	265種に分類される
2020	25属に新規に分類される

出所：https://4cau4jsaler1zglkq3wn-mje1-wpengine.netdna-ssl.com/wp-content/uploads/2020/04/Lactobacillus_scientist_linked.pdfより改変・引用

乳酸桿菌の新規な分類に基づく属名

Paralactobacillus	*Lactiplantibacillus*
Acetilactobacillus	*Lapidilactobacillus*
Agrilactobacillus	*Latilactobacillus*
Amylolactobacillus	*Levilactobacillus*
Apilactobacillus	*Ligilactobacillus*
Bombilactobacillus	*Limosilactobacillus*
Companilactobacillus	*Liquorilactobacillus*
Dellaglioa	*Loigolactobacilus*
Fructilactobacillus	*Paucilactobacillus*
Furfurilactobacillus	*Schleiferilactobacillus*
Holzapfelia	*Secundilactobacillus*
Lacticaseibacillus	

出所：Zheng J, et al., Int. J. Syst. Evol. Microbiol. DOI 10.1099/ijsem.0.004107より改変・引用

新分類に基づく主な乳酸桿菌種の分類名

現在の分類名	新しい分類名
Lactobacillus casei	*Lacticaseibacillus casei*
Lactobacillus paracasei	*Lacticaseibacillus paracasei*
Lactobacillus rhamnosus	*Lacticaseibacillus rhamnosus*
Lactobacillus plantarum	*Lactiplantibacillus plantarum*
Lactobacillus brevis	*Levilactobacillus brevis*
Lactobacillus salivarius	*Ligilactobacillus salivarius*
Lactobacillus fermentum	*Limosilactobacillus fermentum*
Lactobacillus reuteri	*Limosilactobacillus reuteri*
Lactobacillus acidophilus	現状のまま
Lactobacillus delbrueckii subsp. bulgaricus (aka Lactobacillus bulgaricus)	現状のまま
Lactobacillus crispatus	現状のまま
Lactobacillus gasseri	現状のまま
Lactobacillus johnsonii	現状のまま
Lactobacillus helveticus	現状のまま

出所：http://lactotax.embl.de/wuyts/lactotax/の情報に基づく

40 病原菌として話題に上ることが多いブドウ球菌、腸球菌類

ブドウ球菌は菌の形が球で、複数の菌がブドウの房のように連なることから名づけられています。通性嫌気性菌で腸内のレベルはとても低く、便1g当たり10^4～10^5というレベルで存在します。病原性が問題となる菌種として、黄色ブドウ球菌がよく知られています。

黄色ブドウ球菌は化膿性感染症を引き起こす菌であるため、たとえば手指の化膿創などに感染した黄色ブドウ球菌が、調理された食品を介して食中毒の原因になります。また、数種類もの毒素や病原性タンパクを産生することも知られており、多剤耐性菌であるMRSAが、抗菌剤が多用される状況で院内感染を起こしたことは社会的に大きく取り上げられました。

ストレプトコッカス属も成人腸内の常在菌です。日本の健常成人を対象にした私たちの研究では、ストレプトコッカス（S）・サリバリウスとS・ミティス（*S.mitis*）の2菌種がすべての被験者から検出されました[171)]。これらを合わせた菌数は、便1g当たり10^7個のレベルでした。病原性のS・ニューモニエ（*S.pneumoniae*：肺炎球菌）やS・ピオゲネス（*S.pyogenes*：化膿連鎖球菌）は検出されませんでした。

同研究では、対象者24人全員から腸球菌属（*Enterococcus*：エンテロコッカス：E）菌が検出されましたが、菌種はE・アビウム（*Enterococcus avium*）、E・フェシウム（*E.faecium*）、E・フェカーリス（*E.faecalis*）、E・カセリフラブス（*E.casselitlavus*）の4つでした。検出菌数の平均値は便1g当たり10^6個と低いものの、個人ごとの生息菌数は10^3個から10^9個と広範囲であることがわかりました。これらの菌群は、日和見感染の起因菌としても知られています。

なお、食中毒は有害・有毒な微生物や化学物質、自

然毒などが食品や飲料水を通じて体内に入り、腹痛や下痢、嘔吐、発熱などを起こすことを言います。発生原因はさまざまですが、9割は微生物（細菌やウイルス）です。特に高温多湿な梅雨から夏にかけては細菌の生育に都合が良い環境のため、細菌性食中毒が多発します。

原因菌は、腸管出血性大腸菌（O157、O111など）、カンピロバクター、サルモネラ菌、腸炎ビブリオ菌、ブドウ球菌、セレウス菌、ウェルシュ菌など多様です。最近は冬場で、カキなどの二枚貝に含まれるノロウイルスによる食中毒が増えています。

細菌による食中毒には、感染型と毒素型の2つがあります。違いは、原因となる細菌の作用です。感染型は、食品中に汚染する原因菌が腸内で増えて下痢、腹痛、発熱など急性胃腸炎症状を引き起こすものです。

一方、毒素型は、食品中で原因菌の増殖により産生された毒素を食品とともに摂取した結果、嘔吐などの症状を引き起こすものです。毒素型食中毒菌の代表格であるブドウ球菌が食品に汚染して食品中で増殖すると、毒素は加熱しても壊れないため、たとえ死菌でも食中毒を引き起こすのに十分な毒素が残っていた場合、これを摂取することで食中毒症状の発症につながります。

食中毒菌と発生様式

汚染した食品を摂取して、原因菌が消化管の中で増殖することで起こる		
感染型	腸管出血性大腸菌（O157など）	菌で汚染された食肉や水、人の手指などを介する2次感染
	カンピロバクター	加熱が足りない食肉（鶏肉など）、不衛生な飲料水
	サルモネラ菌	卵やその加工品、鶏肉、汚染した調理器具や手指を介する2次感染
	腸炎ビブリオ	魚介類やその加工食品、汚染した調理器具や手指を介する2次感染
	ウェルシュ菌	肉類、魚介類、野菜およびこれらを使用した調理品（カレー、シチュー、煮物など）
食品中に汚染した病原菌の産生した毒素で起こる		
毒素型	黄色ブドウ球菌	弁当やおにぎりなどの穀類加工品（調理者の手指を介する）、乳、乳製品（牛乳、生クリームなど）
	ボツリヌス菌	イズシなどの保存発酵食品、魚の酢漬け、燻製、ハチミツ

41 免疫機能が低下すると感染症を起こす日和見感染菌

ディフィシル菌（*Clostridium difficile*）はグラム陽性の嫌気性桿菌で、ヒトや動物の腸内に住む常在菌です。抗菌薬を処方された患者に発生する下痢症の20～30％を占めるなど、入院患者の感染性下痢症の原因としては最も高頻度で下痢を起こす細菌として知られています。

独自開発のRT－qPCR法を用いた高感度な解析により、健康な成人（63人、20～65歳、平均年齢41歳）の大便中のディフィシル菌検出率が13％であったことを報告しています[172)]。一方、高齢者施設入居者（83人、平均年齢85歳、68～106歳）における検出率は43％と実に高い数値を示しました。ただ、検出菌数はどちらも便1g当たり10^4個レベルで、大きな差は見られませんでした。

ディフィシル菌の病原性として、特有の毒素を産生することが知られています。抗菌薬の投与で腸内常在菌によるCR能が低下することにより、自身は抗菌剤に耐性であるディフィシル菌が増加し、毒素産生量が増えて重症化すると、いわゆる「偽膜性腸炎」という症状が表れます。そこで、便微生物移植が有効であることは前述した通りです。

ウェルシュ菌（*Clostridium perfringens*）はグラム陽性の嫌気性桿菌で、1882年に発見した病理学者の名前にちなんでそのように呼ばれるようになりました。河川や下水、海、土壌中など自然界に広く分布し、ヒトを含む動物の腸内にも検出されます。多様な毒素を産生しますが、ヒト腸内に生息するウェルシュ菌はα毒素（レシチナーゼ）を産生します。

健常成人の8割程度に検出されますが、菌数レベルは便1g当たり10^4個程度と低いものです。食中毒菌

乳幼児期の腸内ウェルシュ菌の変化

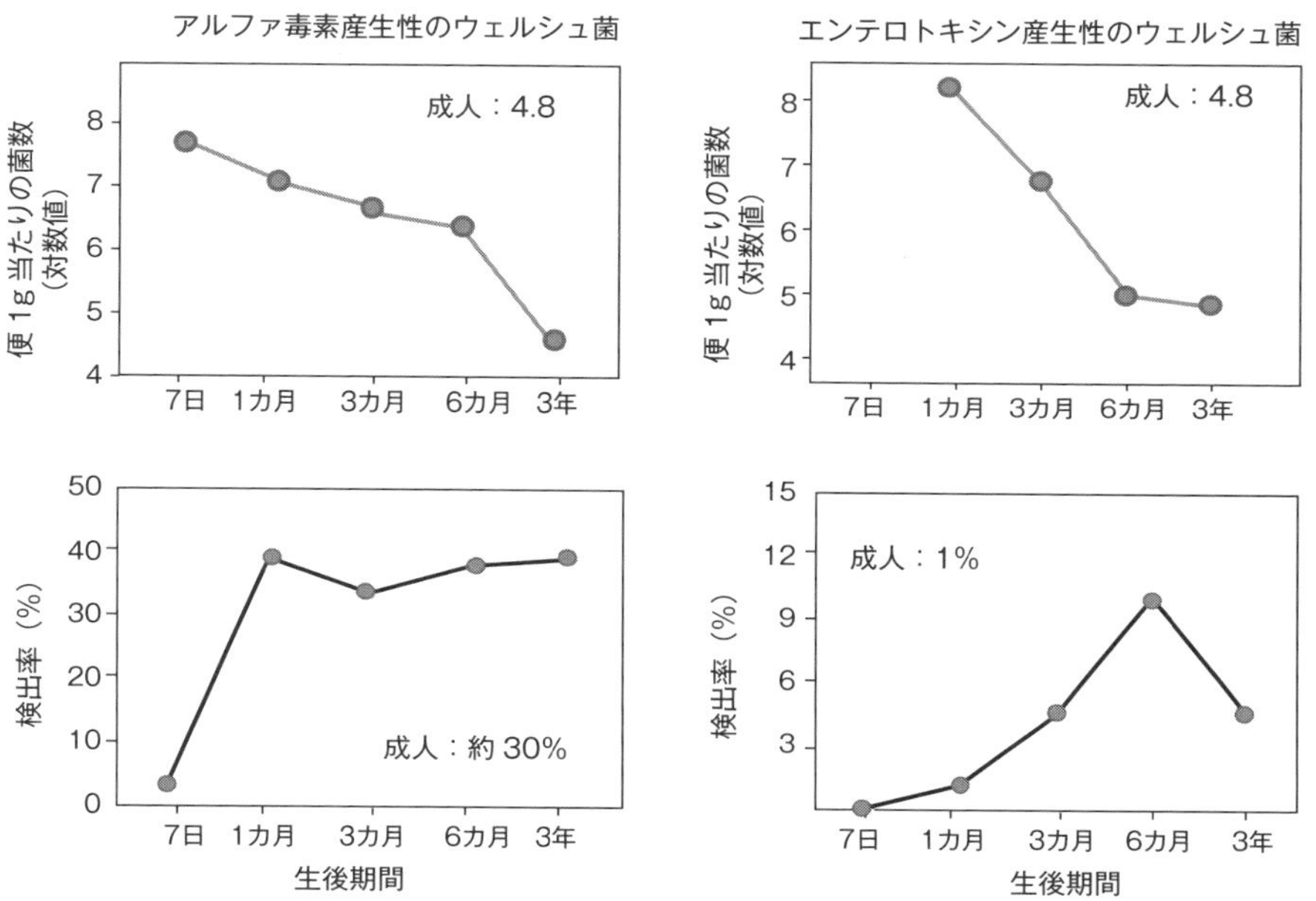

としても有名ですが、こちらはエンテロトキシンという強毒の毒素を産生し、下痢の原因となります。前出の順天堂大学山城教授らとの共同研究で、生まれてまもなくは腸内のウェルシュ菌の検出数が高いのですが、3歳時には検出される率も菌数もほぼ成人レベルに落ち着くことが明らかになりました[173)]。

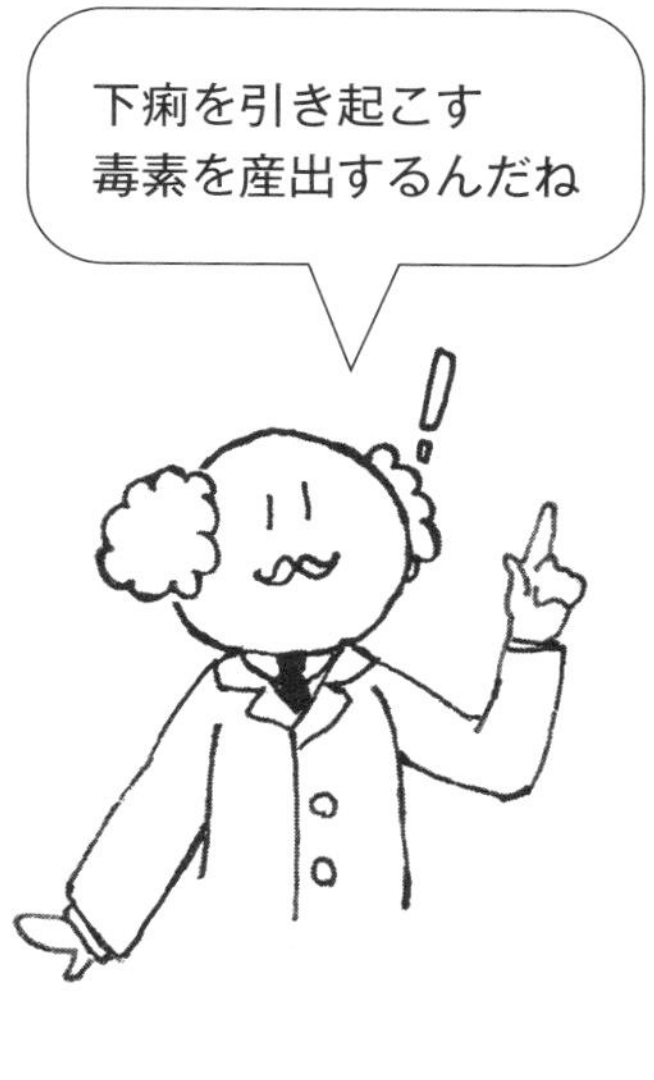

Column

ISAPPにより啓蒙の輪は広がる

International Scientific Association for Probiotics and Prebiotics（ISAPP）は、プロバイオティクス・プレバイオティクス国際科学連盟という学術機関です。2002年に設立されました。日々の食事を通したプロバイオティクスおよびプレバイオティクスの摂取が世界各国民の健康に寄与する、という仮説の実証のために、アカデミックな活動を行っています。

構成メンバーとして、ISAPPを主導する世界各国の本領域の研究者に加え、30社ほどのスポンサー企業がこの活動を支えています。年に一度のISAPP年次総会では、主要な研究者と各スポンサー企業の研究・開発、および学術・広報担当者が一堂に会し、プロバイオティクスやプレバイオティクスの学術活動を発展させるための学術報告や議論を行っています。

私も、2013年の年次総会から出席しています。毎回、120人ほどによる全員参加のディスカッションが企画されており、大きな刺激を受けています。ISAPPの活動は、ホームページ（URL：https://isappscience.org/）を通じて随時確認することが可能です。

第6章

どうなる?腸内フローラ/プロバイオティクス研究の今後

42 適切な方法に基づいて実施された臨床研究から得られる確かな証拠

腸内フローラおよびプロバイオティクス（プレバイオティクス、シンバイオティクス）と健康に関する研究は、今や生命科学の本流に加わり、基礎から応用まで多くの研究者が携わるようになりました。英語圏の研究者は〝ロバスト・エビデンス（robust evidence）〟という表現をよく使用します。「再現性のある明確な証拠」という意味ですが、そのためにより精度高く実施され、結果の再現性に基づく研究結果の蓄積が必要とされるわけです。

臨床研究においては、プラセボ対照二重盲検試験などの精度の高いヒト試験を実施し、有意な結果を得ることが求められます。一方で、発症頻度が高くなく、発症まで期間を要するような疾患に関しては、疾患にリンクする発症関連因子（バイオマーカー）を効果的に用いることも有効と考えます。

バイオマーカーとしては、宿主因子と微生物因子（プロバイオティクス、あるいは腸内菌叢を構成する特徴的な微生物やその代謝産物や構成成分など）が挙げられます。

近年、「未病」の考え方が一般的にも浸透してきました。未病とは、「発病には至らないものの軽い症状がある状態」を指した言葉です。自覚症状がないため生活にほとんど支障はないのですが、検査値は異常な状態で、このまま放っておくといずれ発症に至るといういわゆるグレーゾーンを指します。

プロバイオティクスやプレバイオティクスは、医薬品というよりは、食品やサプリメントとして摂取されることがほとんどです。したがって、その効果は治療よりも、むしろ本来的に「未病」の予防や状態改善にあると言ってよいでしょう。この観点に基づくプロ

腸内フローラとプロバイオティクスの保健作用に関する研究開発のポイント

◎適切な方法に基づいて実施された臨床研究から得られる保健作用の強固な証拠

◎保健作用を的確に説明する作用メカニズムの解明
→作用メカニズムによる複数の菌種や菌株の系統化

◎保健作用の質や強度：治療or予防、アジュバント作用
適切な効果量、摂取法（量、時期、期間）とは？

◎新規な菌種や菌株：分離源（由来）、摂取履歴、安全性の担保

◎腸内定着性：コロナイゼーションレジスタンス（CR）、接着性、便微生物移植

◎生菌か死菌か（菌体成分や構造）

（プレ）バイオティクスの有効性を示す証拠を得ることも肝心と考えます。

43 臨床効果を説明する作用メカニズムとは？

　プロバイオティクスと呼ばれる菌種の多くが乳酸菌やビフィズス菌である理由は、乳酸や酢酸などの有機酸産生によるものと考えられます。これらの細菌を液体培地で培養すると、数十㎜Mに達する有機酸を産生します。ヒトの新鮮便にあるプロピオン酸や酪酸などのいわゆる短鎖脂肪酸の総濃度は、同程度かこれを超えるレベルで、内在性の最優勢嫌気性菌群はこれらの有機酸を産生することにより、下部腸管の環境を弱酸性に保っています。

　腸内フローラの恒常性が乱れた状態で嫌気性菌群による有機酸の産生が減弱すると、腸管を介する健康維持の不具合につながることは、ここまでに紹介してきた通りです。健常状態では、外から食品やサプリメントとして摂取されたプロバイオティクス菌株のほとんどは、常在菌が持つCRにより「通過菌」として腸管内に定着せず、便中に排除されてしまいます。

　ところが、さまざまなストレスにより腸内フローラの恒常性が著しく乱れた状態（強い侵襲性の消化器外科手術や強力な化学療法など）では、腸内のCR能が低下します。この状態では、外部から摂取したプロバイオティクス菌が一過的に定着したり場合によっては増殖したりし、それによって腸内フローラの乱れを補完するような働きをする証拠が得られています。

　健常人における腸内フローラ恒常性の乱れに対しても、継続的なプロバイオティクスの摂取により、同様の腸管環境改善作用が期待されます。ところが私の経験では、健常者対象のプロバイオティクスの整腸作用検証試験から明確な整腸作用を示す結果を得ること、特にプラセボに対して有意な差を得ることは必ずしも容易ではなかったのです。

さまざまな薬剤に対する効きやすさに、個人差があることはよく知られています。プロバイオティクスにも、反応性の良いレスポンダーとなかなか効果が認められないノンレスポンダーとがいること、すなわち反応性に個人差があり、摂取試験の被験者集団における個人差がプロバイオティクスの効果を見えにくくしていることも考えられます。健常な宿主でCRを潜り抜け、安定的に腸管に定着することで機能を発揮するプロバイオティクス菌株の開発は、この意味で魅力的でしょう。

免疫・生体防御の観点から言えば、腸内細菌やプロバイオティクスの作用は、必ずしも生菌でなくとも発揮される可能性があります。たとえば、グラム陰性菌の内毒素などは、少々の加熱では失活しません。また、分厚い細胞壁（細胞を囲む殻のような構造で、化学的にペプチドグリカンと呼ばれる糖鎖がアミノ酸で架橋されている立体的な層状構造）を有するグラム陽性菌であるＬｃＳのようなプロバイオティクスの免疫賦活作用は、死菌体でも生菌と同等であることが知られています。

腸管の上皮や粘液分子への接着性が強い菌種や菌株は、特有の接着分子（アドヘシンと総称される）を介して私たち宿主の細胞に接着します。このとき、死菌であっても接着分子が有効に働きさえすれば、接着を介する生理作用を発揮できる可能性があるのです。たとえば、乳酸桿菌やビフィズス菌の中にも、通常は病原因子として認識される繊毛構造を持つものがあり、この繊毛を介する当該株の有効性を示唆する結果も報告されています。

前述したように結核菌やサルモネラ菌、リステリア菌などは細胞内寄生細菌と呼ばれます。細胞内寄生細菌の細胞壁は、食細胞が菌を溶かすための酵素（細胞壁溶解酵素）の作用に抵抗性を示します。

一口メモ

リステリア菌（*Listeria monocytogenes*）は、この菌に汚染した食肉や乳製品を食べることにより、髄膜炎などの症状を起こすことがあります。プロバイオティクスの自然免疫賦活能を調べるための標的菌として、私も研究の際によく使用してきました。

第4章でも説明しましたが、乳酸桿菌の自然免疫賦活作用に関する研究を私は長年続けてきました。マクロファージに曝された乳酸桿菌はすぐさま貪食されて細胞内に取り込まれるものの、細胞内消化作用に対する乳酸桿菌の抵抗性の強弱は、乳酸菌の菌株によって多様であることがわかりました。さらに、この細胞内消化作用に対する抵抗性が強いほど、免疫賦活作用も強いという結果が得られました。すなわち、乳酸桿菌の一部の菌株には、貪食細胞の細胞壁溶解酵素の作用に強度に抵抗性を示す（溶かされにくい）ものが存在するということです。

このような菌株は、溶かされはしないけれど貪食細胞内で殺されてしまい、生体内で増えることはありません。したがって、適度な免疫刺激作用にとどまり、強度の炎症を起こすことはないのです。今後は、死菌体や菌体成分として有効な免疫刺激作用を有する、プロバイオティクス（定義からは外れてしまいますが）の可能性も考えられるでしょう。

よく、どのくらいの生菌を摂取したらよいのか、という質問を受けます。もちろん、摂取菌数は効果に影響することは間違いなく、またその密度（一定の飲料の量当たりの生菌数）は保健作用の強度に関わると考えます。しかし、一般の消費者に、適切な摂取菌数に関する情報はなかなか伝えられていないのが現状です。

専門用語では「用量依存性」と表しますが、薬剤では当たり前の情報ですので、この辺の適切な情報提供が求められます。また、プロバイオティクス飲料は培養菌液に糖やフレーバーを添加したもので、製造（培養）過程で死菌となったものも含まれています。適切な摂取菌量や摂取期間については、生菌のみならず死菌を含めた観点から検証することにより、さらに有効なプロバイオティクスの効果発現につながる可能性があると考えています。

生菌の摂取数と密度が
作用に関わるとは言う
けれど…
う〜ん難しい

感染性合併症の誘導とプロバイオティクス（シンバイオティクス）による感染予防のメカニズム

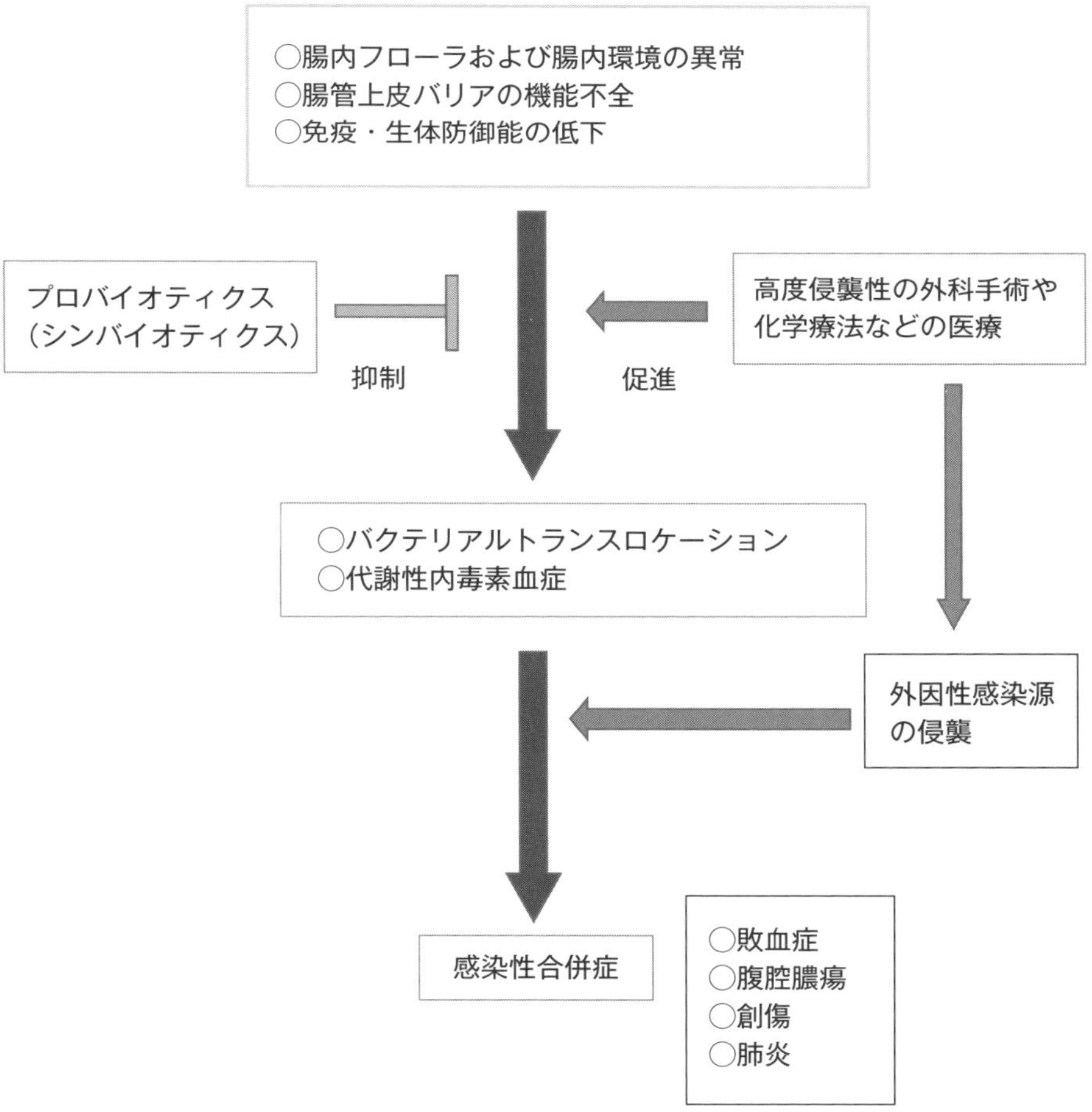

出所：Yokoyama Y, et al, Ann NutrMetab, 71（suppl1）：23-30, 2017. より改変・引用

44 常在腸内細菌の潜在力を知る

ディフィシル菌を原因とする抗生物質誘導下痢症に対する便微生物移植（FMT）が、ヒト臨床試験によって著効を示したことから、内在性腸内細菌の潜在的な有効性が一挙に注目されました。現時点では、便微生物をそのまま移植する方法が採用されており、有効な菌株のみの組合せなどの方法は確立されていません。しかし、近い将来には、さまざまな疾患の治療や予防に有効な腸内微生物のカクテルが利用されるようになることが期待されます。

慶應義塾大学の本田賢也教授らは、ヒトの腸内常在細菌から分離した17菌株のカクテルを無菌マウスに移植することで、薬剤の投与により誘導される実験的な腸炎の症状が抑制されることと、これらの細菌群が腸内で産生する酪酸が制御性T細胞の分化を促進することを明らかにしました。同研究グループ[174]は、さらに最近の研究でも、新たにヒト便から分離した11種のヒト腸内細菌株のカクテルを無菌マウスに移植し、移植がんやリステリア菌に対するマウスの抵抗性が増強されることを見出しています[175]。これらの研究はいずれも動物実験のレベルですが、健康の維持や疾病予防におけるヒト常在性腸内細菌の潜在的可能性を示唆しています。

私たちのグループは東京大学赤座英之特任教授との共同研究で、ヒトの常在性細菌から大豆イソフラボンを代謝する細菌（NATTS菌）を新規に分離しました[176,177]。NATTS菌は、ファーミキューテス門のコリオバクテリウム科スラッキア属に属するグラム陽性桿菌で、大豆イソフラボンとして代表的なダイゼイン（daizein）をエコール（equol）に酵素的に変換する能力を持ちます。このようなエコール産生性

NATTS菌の大豆イソフラボンの酵素的代謝によるエコール産生

反応基質の種類と濃度			産生物質（μM、平均値）			エコール産生率 (%)
ダイゼイン (μM)	DHD (μM)	反応時間 (hr)	ダイゼイン	DHD	エコール	
100	-	8	0.9	5.5	94	93.6
100	-	24	0.8	1.1	107	98.3
400	-	24	1.2	31.5	376	92
400	-	96	2.1	0	417	99.5
-	100	8	0	17.3	69	80
-	100	24	0	3.4	84	96.1

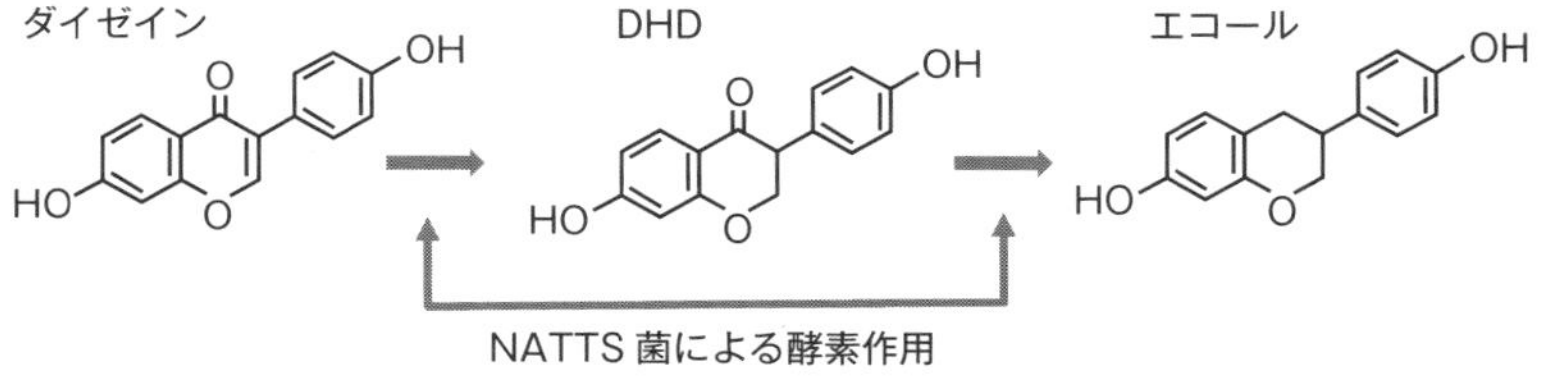

出所：Arch Microbiol. 192:279-287, 2010より改変・引用

の内在性細菌は、これを常在菌として腸内に保有するヒトとそうでないヒトとに明確に区別されます。

エコール産生者は、腸内のエコール産生菌が大豆イソフラボンを代謝して産生されたエコールが体内に吸収され、さらに尿中に排泄されることから、尿中のエコールの検出の有無で区別することができます。興味深いことに、すべてのヒトにNATTS菌が検出されるわけではないことがわかりました。エコールは、強いエストロゲン（女性ホルモン）様活性および抗酸化活性を示す一方、ディヒドロテストステロン（男性ホルモン）とアンドロジェン受容体との結合も阻害することから、前立腺がんや乳がん、更年期障害などの予防作用が期待されています。

NATTS株のほかにもさまざまな菌種にまたがる菌株が、エコール産生能を有することが報告されています。現状では、NATTS菌を含めたエコール産生細菌は基礎研究の段階にありますが、このような特徴的な作用を有する腸内常在細菌の新規なプロバイオティクスとしての開発も、今後の重要なテーマの一つと考えられます。

45 安全性の確保が一番

プロバイオティクスは生菌であるため、食品製造の基原材料として安全性を担保することは必須です。この点で、いわゆる食経験情報は大事な判定基準になります。

乳製品や漬物などさまざまな発酵食品から分離されるという背景もあるため、乳酸菌の安全性は一般的に抵抗性なく受け入れられているように考えます。さらに、プロバイオティクス菌株の多くを占める乳酸桿菌やビフィズス菌、腸球菌の一部は、安全性に関する研究実績が豊富なことも事実です。しかし、新規のプロバイオティクス菌株で、特に腸内常在性細菌に由来するものの多くは食経験情報に乏しいものが多くなりがちであることから、薬剤の安全性評価に匹敵するような安全性情報の確認が必要です。

厚生労働省のホームページに紹介されている米国国立補完統合衛生センター（NCCIH）の「相補（補完）・代替療法との向き合い方」[178]に、各種施術・療法の一つとして「経口プロバイオティクス」が記載されています。その中で、各菌株に特有の科学的証拠に基づく効能の必要性はもとより、安全性について次のような記載があります。それは、健常者にとってプロバイオティクスは安全なものの、重病や手術歴のある患者、重症の幼児、免疫システムが弱っている患者などでは副作用の懸念があるということです。

第4章で、重症患者における感染性合併症の予防のために、プロバイオティクスやシンバイオティクスが利用されていることを紹介しました。この場合、担当臨床医は安全性を考慮に入れてプロバイオティクスやシンバイオティクスを処方しています。また、健常者でも年齢などによる免疫抵抗性の差も考えられ、患者

安全性試験を含むプロバイオティクス製品開発の流れ

菌株の選択／製品化研究 → 各種毒性試験 → 臨床試験 → 上市

菌株の選択／製品化研究
- ○菌株の遺伝毒性
- ○食歴などの疫学・文献調査
- ○培養特性
- ○代謝産物
- ○試験管内の効果スクリーニング

各種毒性試験
- ○急性・亜急性・慢性の各種毒性試験
- ○毒性の薬理学的解析
- ○アレルゲン性

臨床試験
- ○許容試験（高用量、連続摂取など）
- ○官能試験（味・香りなど）
- ○ヒトボランティアを対象とする効果検証試験：プラセボ対照ランダム化比較試験など

上市
- ○上市後の調査

あくまでも製品開発の流れの一例で、各社によって独自の方法を採用

であれば担当医に、市販製品であれば製品に記載されている「消費者相談窓口」や企業の広報部署に相談されるといいでしょう。

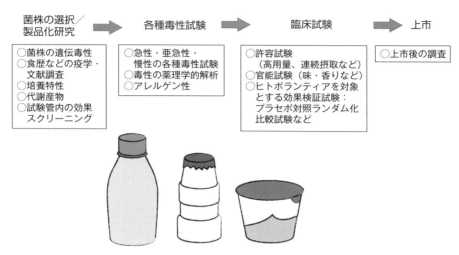

体のコンディションによって
効き目や働きが異なるのは
当然のことなんだ

Column

予防医学に期待される腸内フローラの働き

予防医学において、病気の発症していない健康者から病気の原因を取り除いたり、病気の発生を防いだりするための措置をとることを、1次予防と呼んでいます。また、病気を発症した人をより早く診断し、早期治療を行って病気の進行を抑えることを2次予防と言います。

さらに3次予防は、治療後の後遺症や再発の防止、また効果的なリハビリを行う行為を指しています。さまざまな疾病の発症に腸内フローラが関わっていることから、あらかじめ予防的に腸内フローラから問題となる菌を除いたり、または状態を改善する作用を持つ菌を腸内に定着させたりすることを軸とする、これまでにない手法が開発されることを期待しています。

プロバイオティクスやプレバイオティクスは、すべての段階の予防に適用が可能です。便微生物移植（Fecal Microbiota Transplantation：FMT）については、便に含まれる腸内微生物そのものを移植する現在の方法から、有用な内在性微生物の組合せを確立し、これらを患者の腸内に移植する“Selective Microbiota Transplantation”（SMT：選択的腸内微生物移植）の考え方で研究が進められているところです。

【参考文献】

第1章

1）Matsuda K, *et al.* Appl Environ Microbiol, 73：32–39, 2007.

2）Tsuji H, Nomoto K. Ann Nutr Metab, 2017;71（suppl 1）：4–10. doi：10.1159/000479917.

3）Tsuji T, *et al.* Front Microbiol. 2018; 9：1417. 2018 Jun 29. doi：10.3389/fmicb.2018.01417.

4）Arumugam M, et al. Nature, 473：174–180, 2011. doi：10.1038/nature09944.

5）Al-Hebshi NN, *et al.* J Oral Microbiol. 2016 May 17;8：31444. doi：10.3402/jom.v8.31444.

6）Asakawa M, *et al.* mSphere. 2018 Aug 15;3（4）. pii：e00332–18. doi：10.1128/mSphere.00332–18.

7）Meurman JH and Stamatova IV. Folia Med（Plovdiv）, 60：21–29, 2018.

8）野本康二ほか、腸内細菌学雑誌、29：9–18,2015.

9）Collado MC, *et al.* Sci Rep, 6：23129, 2016.

10）Nuriel-Ohayon M, *et al.* Front Microbiol, 7：1031, 2016. doi：10.3389/fmicb.2016.01031.

11）辻浩和・野本康二、世紀を越えるビフィズス菌の研究、上野川修一・山本憲二監修、財団法人日本ビフィズス菌センター、P131–137, 2011.

12）Mitsuoka T. Biosci Microb Food Health, 33：99–116, 2014.

13）Nagpal R, *et al.* Front Microbiol. 2016 Dec 15;7：1997. doi：10.3389/fmicb.2016.01997.

14）Nagpal R, *et al.* Front Microbiol. 2017 Jul 21;8：1388. doi：10.3389/fmicb.2017.01388.

15）Theilmann MC, *et al.* J Biol Chem, 294：11701–11711, 2019. doi：10.1074/jbc.RA119.008843.

16）de Filippo C, *et al*. PNAS 107：14691–14696, 2010. doi.org/10.1073/pnas.1005963107.

17）de Filippo C, *et al.* Front Microbiol. 2017 Oct 13;8：1979. doi：10.3389/fmicb.2017.01979.

18）Nakayama J, *et al.* Sci Rep. 2015 Feb 23;5：8397. doi：10.1038/srep08397.

19）Osawa R. Appl Environ Microbiol, 58：1754–1759, 1992.

20）Brice KL, *et al*. Peer J. 2019; 7：e6534.

21）Blyton MDJ, *et al.* Animal Microbiome（2019）1：6. https://doi.org/10.1186/s42523-019-0008-0.

22）Zhang W, *et al.* ISME J, 12：1319–1328, 2018.

23）野本康二、畜産ニューテック協会－畜産生産に関する研究調査成果報告書、9, 37–74, 2019.

24) 大熊盛也、理研ニュース、338：3–5, 2009.
25) Brune A & Dietrich C. Annu Rev Microbiol, 69：145–166, 2015.
26) Itoh H, *et al*. PNAS, 116：22673–22682, 2019.
27) Yang Y, *et al*. Environ Sci Technol, 49：12080–12086, 2015.
28) Yang Y, *et al*. Environ Sci Technol, 49：12087–12093, 2015.
29) Hammer TJ, *et al*. Proc Natl Acad Sci U S A, 114：9641–9646, 2017.
30) 本田計一、比較生理生化学、12：145–165, 1995.

第2章

31) Matsuki T, *et al*. Appl Environ Microbiol, 65：4506–4512, 1999.
32) Kitajima H, *et al*. Arch Dis Child Fetal Neonatal Ed, 76：F101–107, 1997.
33) Kitajima H and Hirano S. Pediatr Int, 59：328–333, 2017. doi：10.1111/ped.13123.
34) Kim Y-G, *et al*. Science, 356：315–319, 2017.
35) van Nood E, *et al*. N Engl J Med, 368：407–415, 2013. doi：10.1056/NEJMoa1205037.
36) Human Microbiome Project Consortium. Nature, 486：207–214, 2012.
37) The integrative HMP（iHMP）research Network consortium. Nature, 569：641–648, 2019.
38) Kurokawa K, *et al*. DNA Research, 14：169–181, 2007. doi：10.1093/dnares/dsm018.
39) Nishijima S, *et al*. DNA Research, 23：125–133, 2016. doi：10.1093/dnares/dsw002.
40) 岩瀬忠行、https://kaken.nii.ac.jp/ja/file/KAKENHI-PROJECT-22770241/22770241seika.pdf, 2012.
41) Igai K, *et al*. Sci Rep. 2016; 6：31942. doi：10.1038/srep31942.
42) Sonnenburg ED & Sonnenburg JL. Cell Metab, ２０：779–786, 2014.
43) ジャスティン・ソネンバーグ&エリカ・ソネンバーグ、腸科学、早川書房、2016.
44)「日本人の食事摂取基準（２０２０年版）」策定検討会報告書１－４ 炭水化物、https://www.mhlw.go.jp/content/10904750/000586559.pdf
45) 財団法人日本栄養健康食品協会ＨＰ、http://www.jhnfa.org/topic146-1.pdf.
46) U.S. Department of Health & Human Services. 2015–2020 Dietary Guidelines for Americans. https://www.hhs.gov/fitness/eat-healthy/dietary-guidelines-for-americans/index.html.
47) 公益財団法人 日本健康・栄養食品協会、http://www.jhnfa.org/topic146-1.pdf.

48) Theilmann MC, *et al.* J Biol Chem, 294：11701–11711, 2019.
49) 公益財団法人 日本健康・栄養食品協会、http://www.jhnfa.org/news-079.html.
50) Food and Drug Administration（FDA）. Docket ID：FDA-2015-Q-2352.
51) Gibson GR, *et al.* Nat Rev Gastroenterol Hepatol, 14：491–502, 2017.

第3章

52) 厚生労働省、https://www.mhlw.go.jp/content/000615325.pdf
53) Turnbaugh PJ, *et al.* Nature, 444：1027–1031, 2006. doi：10.1038/nature05414.
54) Ley RE, *et al.* Nature. 444：1022–1023, 2006. doi：10.1038/4441022a.
55) Turnbaugh PJ. Cell Host Microbe, 21：278–281, 2017. doi：10.1016/j.chom.2017.02.021.
56) Smith MI, *et al.* Science, 339：548–554, 2013. doi：10.1126/science.1229000.
57) World Health Organization. Diabetes. https://www.who.int/news-room/fact-sheets/detail/diabetes.
58) Qin J, *et al.* Nature, 490： 55–60, 2012. doi：10.1038/nature11450.
59) Karlsson FH, *et al.* Nature; 498：99–103, 2013. doi：10.1038/nature12198.
60) Sato J, *et al.* Diabet Care, 37：2343–2350, 2014.
61) Cani PD. Gut, 67：1716–1725, 2018. doi：10.1136/gutjnl-2018–316723.
62) Sato J, *et al.* Sci Rep. 2017; 7：12115. doi：10.1038/s41598-017-12535-9.
63) Hojo M, *et al.* Dig Dis Sci. 2018 May 24. doi：10.1007/s10620–018–5122–4.
64) de la Cuesta-Zuluaga J, *et al.* Diabetes Care, 40：54–62, 2017. doi：10.2337/dc16–1324.
65) Gu Y, *et al.* Nat Commun. 2017;8：1785. doi：10.1038/s41467–017–01682–2.
66) 平成28年国民生活基礎調査健康報告書、https://www.e-stat.go.jp/dbview?sid＝0003413359.
67) Ohkusa T, *et al.* Front Med（Lausanne）、2019 Feb 12;6：19. doi：10.3389/fmed.2019.00019.
68) 日本消化器病学会、機能性消化管疾患診療ガイドライン２０１４、17p, 2014.
69) Tap J, *et al.* Gastroenterology, 152： 111–123, 2017. .e8. doi：10.1053/j.gastro.2016.09.049.
70) Altobelli E, *et al.* Nutrients, Aug 26;9（9）：940. doi：10.3390/nu9090940.
71) 難病情報センター、潰瘍性大腸炎（指定難病97）、https://www.nanbyou.or.jp/entry/62.
72) Paramsothy S, *et al.* J Crohns Colitis, 11：1180–1199, 2017. doi：10.1093/ecco-jcc/jjx0ho63.
73) 石川大ほか、腸内細菌学雑誌、32：137–144,2018.

74) Ohigashi S, *et al.* Dig Dis Sci, 58：1717–1726, 2013. doi：10.1007/s10620-012-2526-4.
75) Seki E. Gastroenterology, 146：860–861, 2014.
76) Nosho K, *et al.* World J Gastroenterol, 22：557–556, 2016.
77) Yamamura K, *et al.* Clin Cancer Res, 22：5574–5581, 2016.
78) Bach JF. N Engl J Med, 347：911–920, 2002.
79) Strachan DP. Br Med J, 299：1259–1260, 1989.
80) Stiemsma LT, *et al.* Immunotargets Ther, 4：143–157, 2015. doi：10.2147/ITT.S61528.
81) 須藤信行、腸内細菌学雑誌、31：23–32,2017.
82) Morita C, *et al.* PLoS One. 2015 Dec 18;10（12）：e0145274. doi：10.1371/journal.pone.0145274.
83) Cenit MC, *et al.* World J Gastroenterol, 23：5486–5498, 2017. doi：10.3748/wjg.v23.i30.5486.
84) Hasegawa S, *et al.* PLoS One. 2015; 10（11）：e0142164. doi：10.1371/journal.pone.0142164.
85) Yamashiro K, *et al.* PLoS One. 2017 Feb 6;12（2）：e0171521. doi：10.1371/journal.pone.0171521.
86) 野本亀久雄、生体防御のしくみ、ライフサイエンス、1981.

第4章

87) Gordon S. Cell, 166： 1065–1068, 2016.
88) E. メチニコフ、平野威馬雄訳、長寿の研究楽観論者のエッセイ、幸書房、P184–223, 2006.
89) 代田稔ほか、日本細菌学雑誌、21： 274–283, 1966.
90) Fuller, R. J Appl Bacteriol, 66：365–378, 1989.
91) Hill C, *et al.* Nat Rev Gastroenterol Hepatol, 11：506–514, 2014.
92) Szajewska H, *et al.* Aliment Pharmacol Ther, 38：467–476, 2013.
93) Cameron D, *et al.* World J Gastroenterol, 23：7952–7964, 2017.
94) Nagata S, *et al.* Br J Nutr, 106：549–556, 2011.
95) Rondanelli M, *et al.* Gut Microbes, 8：521–543, 2017. doi：10.1080/19490976.2017.1345414.
96) Dadonaite B, *et al.* World Health Organization, https://ourworldindata.org/diarrheal-diseases.
97) Sur D, *et al.* Epidemiol Infect, 139：919–926, 2011.
98) Liu Y, *et al.* Gut Microbes, 8：521–543, 2017. doi：10.1080/19490976.2017.1345414.
99) Kitajima H, *et al.* Arch Dis Child, 76：F101–107, 1997.

100) 金森豊、平成29年腸内フローラシンポジウム講演要旨集、2017.
101) Meurman JH & Stamatova IV. Folia Med（Plovdiv）, 60：21–29, 2018.
102) Lü M, *et al.* PLoS One, 11（10）：e0163743, 2016. doi：10.1371/journal.pone.0163743.
103) Chey WD, *et al.* Am J Gastroenterol, 112：212–239, 2017. doi：10.1038/ajg.2016.563.
104) 日本消化器病学会、機能性消化管疾患診療ガイドライン２０１４、南江堂、P60–61, 2014.
105) Derwa Y, *et al.* Aliment Pharmacol Ther, 46：389–400, 2017. doi： 10.1111/apt.14203.
106) Marchesi JR, *et al.* Gut, 65：330–339, 2016. doi：10.1136/gutjnl-2015–309990.
107) Cassard AM and Ciocan D. Clin Mol Hepatol, 2017 Dec 22. doi：10.3350/cmh.2017.0067.
108) 日本消化器病学会ガイドライン－NAFLD/NASHガイドQ&A、（https://www.jsge.or.jp/guideline/disease/nafld.html）
109) Ma J, *et al.* Nutrients. 2017, 9, 1124; doi：10.3390/nu9101124.
110) Naito E, *et al.* J Appl Microbiol,110：650–657, 2011.
111) Kalliomäki M, *et al.* Lancet, 357：1076–1079, 2001.
112) Fiocchi A, *et al*. World Allergy Organ J 8：4. doi：10.1186/s40413-015-0055-2, 2015.
113) Li L, *et al.* Am J Clin Dermatol, 20：367–377, 2019. doi：10.1007/s40257-018-0404-3.
114) Tang ML, *et al.* J Allergy Clin Immunol, 135：737–744, 2015. doi：10.1016/j.jaci.2014.11.034.
115) Sanders ME, *et al.* Nutrition Bulletin, 43：212–225, 2018.
116) 日本皮膚科学会、日本皮膚科学会ガイドライン－アトピー性皮膚炎診療ガイドライン２０１８、https://www.dermatol.or.jp/uploads/uploads/files/guideline/atopic_gl1221.pdf.
117) Aso Y *et al.* Urol Int 49：125–129, 1992.
118) Naito S *et al.* J Urol, 179：485–490, 2008.
119) Toi M *et al.* Curr Nutr Food Sci, 9：194-200, 2013. doi：10.2174/1573401311309999001.
120) Sivan A, *et al.* Science, 350：1084–1089, 2015. doi：10.1126/science.aac4255.
121) Gopalakrishnan V, *et al.* Science, 359：97–103, 2018. doi：10.1126/science.aan4236.
122) Routy B, *et al.* Science,; 359：91–97, 2018. doi：10.1126/science.aan3706.
123) Daillère R, *et al.* Immunity, 45：931–943, 2016. doi：10.1016/j.immuni.2016.09.009.
124) Nomoto K, *et al.* Can J Microbiol 37：244–247, 1990.
125) Bercik P, *et al.* Gastroenterology, 139：2102–2112, 2010. doi：10.1053/j.gastro.2010.06.063.

126) Bravo JA, *et al.* Proc Natl Acad Sci U S A, 108 : 16050-16055, 2011.
127) Sarkar A, *et al.* Trends Cogn Sci, 22 : 611-636, 2018, doi : 10.1016/j.tics.2018.04.006.
128) Bambury A, *et al.* Br J Pharmacol, 175 : 4430-4438, 2018. doi : 10.1111/bph.14127.
129) Kelly JR, *et al.* Brain Behav Immun, 61 : 50-59, 2017. doi : 10.1016/j.bbi.2016.11.018.
130) Liu B, *et al.* Depress Anxiety, 35 : 935-945, 2018. doi : 10.1002/da.22811.
131) Shida K, *et al.* Gut Microbes, 2 : 109-114, 2011.
132) 西山啓太・向井孝夫、Japan J Lactic Acid Bacteria, 27 : 176-186, 2016.
133) Castro-Bravo N, *et al.* Front Microbiol. 2018 Oct 11;9 : 2426. doi : 10.3389/fmicb.2018.02426.
134) Nagahama K, *et al.* Langmuir, 31 : 1489-1495, 2015. doi : 10.1021/la5041757, 2015.
135) Nagahama K, *et al.* Bioconjug Chem, 26 : 1775-1781, 2015.
136) Ito M, *et al.* J Appl Microbiol, 109;657-666, 2010.
137) Ito M, *et al.* PLOS ONE, Jan 8;9;e83876, 2014.
138) Glenn R, *et al.* J Nutr, 125 : 1401-1412, 1995.
139) Yokoyama Y, *et al.* Ann Nutr Metab,71（suppl 1）: 23-30, 2017. doi : 10.1159/000479920.
140) 清水健太郎ほか、日本静脈経腸栄養学会雑誌 3（13）: 797-802, 2016.
141) McClave SA, *et al.* JPEN, 40 : 159 -211, 2016, doi : 10.1177/0148607115621863
142) Yokoyama Y, *et al.* Br J Surg, 101 : 189-199, 2014.
143) Motoori M, *et al.* Clin Nutr, 36 : 93-99, 2017. doi : 10.1016/j.clnu.2015.11.008.
144) Asahara T, *et al.* Antimicrob Agents Chemother, 60 : 3041-3050, 2016.

第5章

145) 渡辺幸一、腸内細菌学雑誌、30 : 129-139,2016.
146) Asahara T, *et al.* Infect Immun, 72 : 2240-2247, 2004.
147) Fukuda S, *et al.* Nature, 469 : 543-547, 2011. doi : 10.1038/nature09646.
148) Martín R, *et al.* Front Microbiol, 2017 Jun 30;8 : 1226. doi : 10.3389/fmicb.2017.01226.
149) Martín R, *et al.* Front Microbio, 06 March 2018. https://doi.org/10.3389/fmicb.2018.00346.
150) Matsuoka K & Kanai T. Semin Immunopathol, 37 : 47-55, 2015.
151) Atarashi K, *et al.* Science, 331 : 337-341, 2011. doi : 10.1126/science.1198469.

152) Narushima S, *et al.* Gut Microbes, 5 : , 333–339, 2014.
153) Song H, *et al.* J Allergy Clin Immunol, 137 : 852–860, 2016. doi : 10.1016/j.jaci.2015.08.021.
154) Cani PD. Gut, 67 : 1716–1725, 2018. doi : 10.1136/gutjnlwwwww2018–316723.
155) Cani PD & de Vos WM. Front Microbiol. 2017 Sep 22;8 : 1765. doi : 10.3389/fmicb.2017.01765.
156) Plovier H, *et al.* Nat Med, 23 : 107–113, 2017. doi : 10.1038/nm.4236.
157) Depommier C, *et al.* Nat Med, 25 : 1096–1103, 2019. doi : 10.1038/s41591–019–0495–2.
158) Pudlo NA, *et al.* mBio. 2015 Nov 10;6 (6) : e01282–15. doi : 10.1128/mBio.01282–15.
159) Tamura K, *et al.* Cell Rep, 21 : 417–430, 2017. doi : 10.1016/j.celrep.2017.09.049.
160) Ramakrishna C, *et al.* Nat Commun. 2019; 10 : 2153. doi : 10.1038/s41467–019–09884–6.
161) Tett A *et al.* Cell Host Microbe. 26 : 666-679.e7, 2019. doi : 10.1016/j.chom.2019.08.018.
162) Pianta A, *et al.* Arthritis Rheumatol, 69 : 964-975, 2017. doi : 10.1002/art.40003.
163) De Filippis F, *et al.* Cell Host Microbe. 25 : 444-453.e3, 2019. doi : 10.1016/j.chom.2019.01.004.
164) Kurakawa T, *et al.* J Microbiol Meth, 92 : 213–219, 2013.
165) Sonnenborn U. FEMS Microbiology Letters, 363, 2016, fnw212. doi : 10.1093/femsle/fnw212.
166) Matsuda K, *et al.* Appl Environ Microbiol, 75 : 1961–1969. 2009.
167) Tsuji T, *et al.* Front Microbiol. 2018; 9 : 1417. 2018 Jun 29. doi : 10.3389/fmicb.2018.01417.
168) Kurakawa T, *et al.* J Microbiol Meth, 111 : 93–104, 2015.
169) 岡田早苗、Jap J Lactic Acid Bact, 13 : 23–36, 2002.
170) Zheng J, *et al.* Int. J. Syst. Evol. Microbiol. Doi : 10.1099/ijsem.0.004107.
171) Kubota H, *et al.* Appl Environment Microbiol, 76 : 5440–5451, 2010.
172) Matsuda K, *et al.* Appl Environ Microbiol, 78 : 5111–5118, 2012.
173) Nagpal R, *et al.* Benef Microbes, 8 : 353-365, 2017.

第6章

174) Atarashi K, *et al.* Science, 331 : 337–341, 2011. doi : 10.1126/science.1198469.
175) Tanoue T, *et al.* Nature 565, 600–605, 2019.
176) Tsuji H, *et al.* Arch Microbiol, 192 : 279–287, 2010.
177) Tsuji H, *et al.* Appl Environ Microbiol, 78 : 1228–1236, 2012.
178) 厚生労働省ＨＰ、https://www.ejim.ncgg.go.jp/public/overseas/c02/09.html.

機能性に関与する成分	表示されている機能
乳酸菌NY1301株	腸内環境を改善し、おなかの調子を良好に保つ
有胞子性乳酸菌（*Bacillus coagulans* SANK70258）	便通を改善する
L. delbrueckii subsp. bulgaricus OLL1247株および*S. thermophilus* 3078株（SC-2乳酸菌）コラーゲンペプチド スフィンゴミエリン	紫外線刺激から肌を保護するのを助ける。また、肌の潤いを保ち、肌の乾燥を緩和する
殺菌乳酸菌EC-12株	腸内のビフィズス菌を増やし、腸内環境を改善する
乳酸菌CP1563株由来の10-ヒドロキシオクタデカン酸（10-HOA）	おなかの脂肪（体脂肪、内臓脂肪）を減らす
ラムノーザス菌L8020株（ラクトバチルス ラムノーザスKO3株）	口腔内環境を良好に保つ働きを助ける
枯草菌（バチルス・サブチルス）C-3102株	齢とともに低下する骨密度を高める
クレモリス菌FC株（*L. lactis subsp. cremoris* FC）	お通じを改善する
ラブレ菌（*Lactobacillus brevis* KB290	生きて腸まで届き、お通じと腸内環境を改善する
L. reuteri Prodentis（*Lactobacillus reuteri* DSM 17938株、*Lactobacillus reuteri* ATCC PTA 5289株）	口腔環境を良好に保ち、歯肉の健康を維持するのを助ける
カゼイ菌（*L.paracasei*, DSM19465株）	腸内環境を改善し、おなかの調子を整える
L. helveticus SBT2171（乳酸菌ヘルベ）	目や鼻の不快感を緩和する
Lactobacillus brevis SBC8803（SBL88）	睡眠の質を改善（起床時の疲労感や眠気を軽減）する
酢酸菌GK-1（*G. hansenii* GK-1）	花粉、ホコリ、ハウスダストなどによる鼻の不快感を軽減する
ミヤビスLB（*Lactobacillus brevis* LB27）	肌の潤いを守るのを助ける

出所：消費者庁HP（https://www.fld.caa.go.jp/caaks/cssc01/ の検索結果：2020年4月）

機能性に関与する成分	表示されている機能
ビフィズス菌B-3（*B. breve*）	BMIが高めの方のウエスト周囲径を減らす
乳酸菌S-PT84	おなかの脂肪を減らす
「プレミアガセリ菌CP2305」（*L.gasseri* CP2305）	腸内環境の改善
清酒酵母GSP6株または*Saccharomyces cerevisiae* GSP6	睡眠の質の向上
乳酸菌CP1563株	体脂肪の低減
有胞子性乳酸菌（*Bacillus coagulans*）lilac-01	便秘傾向の方の便の状態（便の色、臭い、量、形）を整え、お通じ（回数、残便感）を改善する
Q-1乳酸菌（*L. plantarum* TK61406）	善玉菌を増やすことで腸内環境を改善する
乳酸菌ブレビスT001株（*Lactobacillus brevis* NTT001）	腸内環境の改善
「L-92乳酸菌」（*L. acidophilus* L-92）	ホコリやハウスダストなどによる鼻の不快感を軽減する
乳酸菌 シロタ株（L. カゼイ YIT 9029）	一時的な精神的ストレスがかかる状況でのストレスをやわらげ、睡眠の質（眠りの深さ、すっきりとした目覚め）を高める
乳酸菌ラクトバチルスGG株（*Lactobacillus rhamnosus* GG）	肌の潤いを保ち、肌の乾燥を緩和する
PA-3乳酸菌	食後の尿酸値の上昇を抑制する
乳酸菌S-PT84、ビフィズス菌BB536	乳酸菌S-PT84は、おなかの脂肪を減らす。ビフィズス菌BB536は、腸内フローラを良好にすることでおなかの調子を整える
KW乳酸菌（*L. paracasei* KW3110）	目の疲労感を軽減する
植物性乳酸菌K-1（*L.casei* 327）	肌の潤いを維持する
乳酸菌エンテロコッカス・フェカリス菌（EC-BabyM）、難消化性デキストリン（食物繊維）	腸内環境と便通を改善する
乳酸菌クレモリスH61株（*L. lactis subsp. cremoris* H61）	ミドルエイジの女性の肌の潤いを逃がしにくくする。　肌のバリア機能を高める
植物性乳酸菌K-1（*L. casei* 327）	お通じを改善する

資料２　機能性表示食品としてのプロバイオティクス

機能性に関与する成分	表示されている機能
ビフィズス菌BB536（*B.longum*）	整腸作用、お通じの改善、腸内環境の改善
ビフィズス菌 BE80（*Bifidobacterium lactis* CNCM I-2494）	おなかの不快感（下部消化管における過剰なガスの発生とおなかの張り、ゴロゴロ感や違和感）をやわらげる
ビフィズス菌BifiX（*B.lactis* GCL2505）	生きて腸まで届き、増殖する。腸内環境を改善し、便通・お通じを改善する
ビフィズス菌（HN019株）	腸内環境の改善、お通じの改善
ビフィズス菌（ロンガム種JBL01）	腸内フローラを良好にし、便秘気味の方の便通を改善する
ビフィズス菌BB536（*B.longum*）、ビフィズス菌B-3（*B.breve*）、N-アセチルグルコサミン	腸内環境を良好にし、体重・体脂肪を減らすことで高めのBMIを改善する
ビフィズス菌LKM512（*Bifidobacterium animalis subsp. lactis*）	生きて腸まで届き、腸内で増えることで腸内環境を改善し、便通・お通じを改善する
ビフィズス菌Bb-12（*Bifidobacterium lactis*）	生きたまま腸まで届くビフィズス菌BB-12の働きで腸内環境を改善し、おなかの調子を整える
◆L.ガセリ SBT2055（ガセリ菌SP株） ◆B.ロンガム SBT2928（ビフィズス菌SP株）	ガセリ菌SP株（L.ガセリSBT2055）とビフィズス菌SP株（B.ロンガムSBT2928）の働きにより、腸内環境の改善に役立つ
Bacillus subtilis K-2株　芽胞30億個（30億個）	この納豆は、納豆菌K-2株の働きにより腸内のビフィズス菌を増やし、おなかの調子を整える。お通じの気になる方に適した食品
ガセリ菌SP株	ガセリ菌SP株（*Lactobacillus gasseri* SBT2055）の働きにより、食事とともに摂取することで脂肪の吸収を抑え、内臓脂肪を減らすのを助けるので、肥満気味の方で内臓脂肪が気になる方の食生活の改善に役立つ
Bifidobacterium lactis FK120	ビフィズス菌が生きたまま腸内に届き、おなかの中の良い菌を増やし悪い菌を減らして、おなかの調子を整える
ビフィズス菌LKM512（*Bifidobacterium animalis subsp. lactis*）	生きて腸まで届き腸内で増える。腸内環境の改善、便通・お通じの改善

資料1　特定保健用食品としてのプロバイオティクス

関与する成分	許可を受けた表示内容
◆*Lactobacillus delbrueckii subsp. bulgaricus*2038株 ◆*Streptococcus thermophilus*1131株	LB81乳酸菌の働きにより、腸内細菌のバランスを整えて、おなかの調子を良好に保つ
L.カゼイ YIT 9029（シロタ株）	良い菌を増やし悪い菌を減らして、腸内の環境を改善し、おなかの調子を整える
B.ブレーベ・ヤクルト株	おなかの中の良い菌を増やし悪い菌を減らして、腸内の環境を改善し、おなかの健康を守る
ラクトバチルスGG株	おなかの中の良い菌を増やし悪い菌を減らして、腸内の環境を良好にする
ビフィドバクテリウム・ロンガムBB536	腸内のビフィズス菌が増え、腸内環境を良好にし、おなかの調子を整える
Bifidobacterium lactis LKM512	腸内のビフィズス菌を増やし、腸内環境を改善し、おなかの調子を整える
カゼイ菌（NY1301株）	おなかの調子を良好に保つ
ビフィズス菌Bb-12（*Bifidobacterium lactis*）	腸内環境を改善し、おなかの調子を整える
◆L.ガセリ SBT2055（ガセリ菌SP株） ◆B.ロンガム SBT2928（ビフィズス菌SP株）	腸内環境の改善に役立つ
Bacillus subtilis K-2株　芽胞30億個（30億個）	この納豆は、納豆菌K-2株の働きにより腸内のビフィズス菌を増やし、おなかの調子を整える。お通じの気になる方に適した食品
ガセリ菌SP株	ガセリ菌SP株（*Lactobacillus gasseri* SBT2055）の働きにより、食事とともに摂取することで脂肪の吸収を抑え、内臓脂肪を減らすのを助けるので、肥満気味の方で内臓脂肪が気になる方の食生活の改善に役立つ
Bifidobacterium lactis FK120	ビフィズス菌が生きたまま腸内に届き、おなかの中の良い菌を増やし悪い菌を減らして、おなかの調子を整える

出所：消費者庁HP（https://www.caa.go.jp/policies/policy/food_labeling/health_promotion/index.html#m02 より抜粋・引用：2020年4月）

な行

は行

ま行

や行

ら行

さ行

た行

索　引

英数

あ行

か行

●著者略歴
野本 康二（のもと こうじ）
1954年東京都生まれ。1979年、東京農工大学農学部獣医学科卒業。同年、株式会社ヤクルト本社入社。2017年退社。同年、東京農業大学生命科学部分子微生物学科動物共生微生物学研究室教授に就任。2005年から順天堂大学客員教授。一貫して、腸内細菌およびプロバイオティクスの健康に果たす役割に関する研究に従事する。獣医師、薬学博士

NDC 491.34

おもしろサイエンス**腸内フローラの科学**

2020年6月30日　初版第1刷発行

定価はカバーに表示してあります。

©著　者	野本康二	
発行者	井水治博	
発行所	日刊工業新聞社	〒103-8548 東京都中央区日本橋小網町14番1号
	書籍編集部	電話 03-5644-7490
	販売・管理部	電話 03-5644-7410　FAX 03-5644-7400
	URL	https://pub.nikkan.co.jp/
	e-mail	info@media.nikkan.co.jp
	振替口座	00190-2-186076

印刷・製本　新日本印刷㈱

2020 Printed in Japan　落丁・乱丁本はお取り替えいたします。
ISBN 978-4-526-08069-2
本書の無断複写は、著作権法上の例外を除き、禁じられています。

日刊工業新聞社の好評書籍

今日からモノ知りシリーズ
トコトンやさしいゲノム編集の本
宮岡佑一郎　著
A5判　160ページ　定価：本体1,500円＋税

今日からモノ知りシリーズ
トコトンやさしい微生物の本
中島春紫　著
A5判　160ページ　定価：本体1,500円＋税

今日からモノ知りシリーズ
トコトンやさしいアミノ酸の本
味の素株式会社　編著
A5判　160ページ　定価：本体1,500円＋税

おもしろサイエンス
機能性野菜の科学 －健康維持・病気予防に働く野菜の力－
佐竹元吉　著
A5判　120ページ　定価：本体1,600円＋税

おもしろサイエンス
発酵食品の科学 第3版
坂本 卓　著
A5判　184ページ　定価：本体1,600円＋税

カラー写真と実例でわかる
カビの分離同定と抗カビ試験
李 憲俊、李 新一　著
A5判　192ページ（フルカラー）　定価：本体3,400円＋税

糖鎖とレクチン
平林 淳　著
A5判　232ページ　定価：本体2,200円＋税

日刊工業新聞社出版局販売・管理部
〒103-8548　東京都中央区日本橋小網町14-1
☎03-5644-7410　FAX 03-5644-7400